CB138681

CASAIS INTELIGENTES ENRIQUECEM JUNTOS

CARO LEITOR,

Queremos saber sua opinião sobre nossos livros.
Após sua leitura, acesse nosso *site* (www.editoragente.com.br), cadastre-se e contribua com suas sugestões, críticas e elogios.

Boa leitura!

Gustavo Cerbasi

CASAIS INTELIGENTES ENRIQUECEM JUNTOS

Gente editora

Editora
Rosely M. Boschini

Coordenação editorial
Elvira Gago

Projeto e produção gráfica
Marcelo Souza Almeida

Capa
Miriam Lerner

Diagramação
Join Bureau

Preparação
Maria Alayde Carvalho
Clara Baldrati

Copyright © 2004, 2008 by Gustavo Cerbasi

Todos os direitos desta edição
são reservados à Editora Gente.
Rua Pedro Soares de Almeida, 114
São Paulo, SP CEP 05029-030
Tel.: (011) 3670-2500
Site: www.editoragente.com.br
E-mail: gente@editoragente.com.br

Dados Internacionais de Catalogação na Publicação (CIP)
(Câmara Brasileira do Livro, SP, Brasil)

Cerbasi, Gustavo
Casais inteligentes enriquecem juntos / Gustavo Petrasunas Cerbasi. – São Paulo: Editora Gente, 2004.

Bibliografia.
ISBN 978-85-7312-439-2

1. Casais – Finanças pessoais 2. Casais – Finanças pessoais – Planejamento 3. Homem-mulher – Relacionamento I. Título.

04-7109 CDD-332.0240655

Índice para catálogo sistemático:

1. Casais: Finanças: Economia financeira 332.0240655
2. Finanças para casais: Economia financeira 332.0240655

A minha esposa, Adriana,
com quem compartilho riquezas que
o dinheiro nunca poderá comprar.

Agradecimentos

Tenho muito a agradecer àqueles com quem convivi até hoje e que me trouxeram até aqui. Mas, neste livro, agradeço especialmente a casais de amigos e parentes, casados ou não, com quem dividi experiências e idéias. Em especial dois queridos casais de amigos e padrinhos de casamento: Angélica e Achilles Facciollo, pelos momentos de lazer repletos de bons ensinamentos, e Silvia e Mauricio Ianez, pela intensa convivência e ajuda na formação de planos e idéias.

Ao mais importante de todos os casais em minha vida, meus pais Elza e Tommaso.

A minha metade essencial, Adriana, motivo de tudo.

A Deus, que selou as uniões e vem iluminando os caminhos dessas pessoas que tanto amo.

Sumário

Prefácio 2008

O que mudou após 500 mil livros

Quando comecei a organizar as idéias para escrever *Casais inteligentes enriquecem juntos*, em 2004, o desafio não era pequeno. O livro começava a nascer como uma resposta a alguns leitores de meu primeiro livro, *Dinheiro: os segredos de quem tem*, que questionavam minhas sugestões de enriquecimento dizendo que elas eram inviáveis. Não duvidavam da viabilidade de minhas teorias, mas sim da aplicabilidade delas em seus relacionamentos. Segundo eles, o comportamento compulsivo de seus companheiros impossibilitava qualquer chance de poupar para o futuro.

Foi por não acreditar que existe um culpado pelo fracasso, por não acreditar que gastar é menos importante que poupar, por não acreditar nas idéias de "rotina", "supérfluo" e "não ter como sair das dívidas" que eu arregacei as mangas e decidi compartilhar com mais pessoas idéias que enriqueciam e traziam harmonia para nosso lar. Digo "nosso" porque Adriana, minha esposa, participou da revisão do texto, contribuindo definitivamente para o formato final do livro.

À medida que o tempo passou, as qualidades do livro começaram a correr entre os casais. Ele não cresceu em vendas em razão de maciços investimentos em *marketing*, mas sim no boca a boca das pessoas que viam nele lições importantes que mereciam ser compartilhadas entre amigos, parentes, colegas de trabalho, de igreja e de clube.

Não sei dizer se por coincidência ou por relação de causa e efeito, enquanto *Casais inteligentes* aumentava seus números de venda, a educação financeira crescia no Brasil em várias frentes. Muito disso deve-se à contribuição que o livro deu ao abrir espaço em diferentes meios de comunicação para falar abertamente sobre o tema. Dessa forma, de 2004 para cá o brasileiro amadureceu de modo impressionante sua percepção com relação ao dinheiro.

Hoje, após completar meio milhão de exemplares vendidos, há muito a comemorar. Eu comemoro o mérito de ter levado minhas idéias a um número certamente superior a um milhão de leitores; milhares de casais comemoram a oportunidade de terem aprendido a conversar sobre suas finanças sem apontar culpados, respeitando as diferenças; e a sociedade comemora mais qualidade no consumo e aumento da poupança familiar.

O Brasil está mais rico, porém ainda tem muito a enriquecer. E eu me sinto imensamente feliz em contribuir, de alguma forma, com a quebra de paradigmas e ajudar tantas famílias brasileiras a encontrar a tranqüilidade financeira. Tem sido muito gratificante abrir minha caixa-postal de *e-mails* diariamente e perceber, por meio de depoimentos dos que já leram este texto, que o livro ajudou a colocar nos trilhos o planejamento financeiro, o relacionamento e a esperança de uma vida muito mais segura e feliz para milhares de casais. Hoje, tenho o orgulho de fazer parte do sucesso de muitas famílias, mas o trabalho a fazer ainda é grande, por muitas famílias.

O fato de você ter começado a ler este livro já mostra o quanto acredita na prosperidade de seu relacionamento. Se gostar da leitura, convide seu companheiro a ler também, pois meus leitores me dizem que o resultado da leitura a dois os surpreendeu. Espero que este livro os impulsione a enriquecer juntos e, além disso, também seja um importante passo para a transformação da riqueza deste país!

Gustavo Cerbasi
Agosto de 2008

Introdução

Grande parte dos problemas de relacionamento entre marido e mulher começa no dinheiro — no excesso ou na falta dele. Quando a renda do casal não dá conta dos gastos do mês, o dia-a-dia tende a uma desagradável monotonia e qualquer proposta mais romântica que envolva gastos é cortada pela raiz. As dificuldades decorrentes dessa escassez geram conflitos entre os cônjuges, que nem sempre percebem que o problema é financeiro.

O grande charme do dinheiro está no fato de ele raramente se mostrar como o vilão da história. Se não há dinheiro para um jantar romântico, o problema é percebido como falta de romantismo; se não há dinheiro para renovar o guarda-roupa, o problema é percebido como desleixo; se não há dinheiro para levar as crianças ao parque, o problema é percebido como falta de carinho. Essas situações encobrem um erro comum: a inabilidade em lidar com o dinheiro ou em torná-lo suficiente.

Por outro lado, quando a renda do casal é maior, raramente marido e mulher chegam a um acordo sobre seus hábitos de consumo e sobre a melhor maneira de administrar as finanças, o que também origina conflitos. Um reclama dos hábitos perdulários do outro, que, por sua vez, acha que muitas conquistas familiares estão sendo adiadas em razão dos desperdícios do parceiro. E os motivos para confrontos e discussões explosivas vão se acumulando.

O problema é que não se conversa a dois sobre dinheiro de forma preventiva, mas só quando a bomba já estourou e a briga se torna inevitável. Em questões de dinheiro, as pessoas procuram ajuda quando custará muito mais caro buscar a solução. E aí pode ser tarde demais para salvar o relacionamento.

Uma pesquisa divulgada na revista *Você S/A* de junho de 2004, feita com 150 pessoas casadas, revela que 38% delas assumem que brigam em casa por causa de dinheiro. A publicação destaca que esse número não leva em consideração casais que estão em rota de colisão mas preferem fingir que tudo anda bem. As principais razões apontadas para as brigas são falta de dinheiro e despesas excessivas do cônjuge. Os homens em geral discordam das decisões de compra das mulheres, enquanto elas questionam as opções deles de aplicação do dinheiro.

Afinal, hoje, a mulher não só conquistou uma posição social e profissional equiparada à do homem como passou a discutir e dividir o controle do planejamento e das finanças da família e dos negócios familiares. Essa nova realidade também gerou a necessidade de chegar a um acordo sobre a administração da renda familiar em parceria.

Aliás, a maior parte das dúvidas e comentários sobre meu livro anterior (*Dinheiro — Os Segredos de Quem Tem*, no qual desenvolvi um modelo de construção de riqueza planejada) que recebi de leitores vieram de mulheres casadas. Minhas idéias foram discutidas nas principais revistas femininas do Brasil. Esse fato comprova o amadurecimento que a emancipação feminina e a revolução sexual do século passado proporcionaram aos relacionamentos a dois.

Administrar bem o relacionamento conjugal requer certa habilidade e paciência. O que muitos apaixonados às vezes demoram a perceber é que gerenciar as finanças do casal também requer essas e outras virtudes. Administrar bem tanto o dinheiro quanto o amor, então, pode ser um verdadeiro desafio. Por isso proponho neste livro meios para cuidar bem das finanças do relacionamento, tratando dos aspectos mais racionais da vida a dois.

Meu trabalho de pesquisa em finanças pessoais tem como foco a idéia de que uma vida planejada e com objetivos é mais feliz. Tenho constatado isso nos depoimentos que recebo de leitores que conseguiram gerenciar bem suas finanças ao longo dos anos e hoje desfrutam uma vida sem privações. Também tenho ouvido, consternado, pessoas com certa idade confessarem que, se tivessem aprendido no passado algumas simples lições sobre a administração de seu patrimônio, hoje teriam uma vida mais folgada.

Este livro se divide em três partes. Na primeira, abordo a questão comportamental em relação às finanças e ajudo os leitores a identificar seu perfil financeiro e o tipo de casal que formam quando o assunto é dinheiro. A Parte 2 examina os aspectos financeiros do relacionamento ao longo da vida, visando a atingir as metas e os sonhos do casal. Tratei do assunto na seguinte seqüência: namoro, casamento, constituição da família e educação dos filhos. Apesar de trazerem uma sugestão de ordem natural do ciclo da vida, tanto em termos sentimentais como financeiros os temas acabam se misturando. O namoro não termina necessariamente com a vida a dois; por isso, muitas das considerações econômicas que faço sobre o namoro são válidas para toda a vida. O mesmo vale para outros aspectos. Alguns se vêem obrigados a constituir família antes mesmo do namoro, como conseqüência, por exemplo, de uma gravidez indesejada. Outros se aposentam antes de ter filhos — aqui se leva em conta a possibilidade de aposentadoria financeira, ao receber uma grande quantia de dinheiro ainda jovem. Optei por abordar a aposentadoria na Parte 3, na qual trato de decisões inteligentes que anteciparão a conquista de sonhos e das ferramentas para proteger o que se conquistou. Faço questão de tratar da aposentadoria com um sentido de independência e desfrute, não de retiro. A leitura do livro mostrará os meios para entender e atingir esse novo sentido, oferecendo lições de finanças para sua reflexão e aplicação ao longo de toda a vida.

1 Parte

Uma união financeiramente feliz

Capítulo 1. Perfis financeiros: quando a cabeça erra, o bolso padece

• *Três histórias, três contas-correntes, resultados diferentes*

Não há dúvida de que a falta de diálogo sobre dinheiro entre o casal é ruim para as finanças da família, podendo até contribuir para o fim da relação. Mas conversar não resolve o problema se o tema **dinheiro** não estiver ligado ao assunto **objetivos**. "Cada cabeça, uma sentença", diz o ditado. Talvez um dos dois sonhe com uma viagem ao exterior todo ano e o outro com a compra de uma casa de campo para passar as férias. Se ambos não conhecerem os objetivos um do outro, haverá sempre um sentimento de frustração junto a cada conquista.

A falta de planos faz com que os sonhos de um se tornem empecilhos para a conquista das aspirações do outro. Daí a necessidade de ambos se darem as mãos e discutirem os meios para conquistar objetivos comuns e objetivos pessoais, respeitando as metas de prazo mais longo. Não esperem comprar uma casa de campo para começar a poupar para a aposentadoria. Poupem simultaneamente para atingir os dois objetivos, mesmo que o primeiro seja um pouco adiado.

Vejam os três casos a seguir, de casais na faixa dos 30 anos, sem filhos, em que ambos trabalham. Percebam como a maneira de marido e mulher lidarem com o dinheiro pode definir a qualidade do relacionamento e o sucesso na conquista de objetivos comuns.

A todo o vapor

Quando Vitória e Renato se casaram, há seis anos, ambos trabalhavam e tinham uma poupança pessoal formada. Namoraram oito anos e espera-

ram a vida profissional de ambos se estabilizar para finalmente juntar as trouxas. Quando decidiram se unir, foi para valer: da conta-corrente aos investimentos, do cartão de crédito às planilhas de gastos, as finanças de ambos viraram uma coisa só. Como ambos já eram organizados, pouca coisa mudou após o casamento. Todo mês, eles se sentam juntos para verificar os gastos e o saldo das aplicações. Controlam também se as metas estão sendo cumpridas ou se o planejamento exige algum ajuste. Tamanha disciplina já viabilizou duas viagens a passeio para o exterior e uma especialização na França para Vitória. Vivem em um amplo apartamento de frente para o mar de Fortaleza, já quitado, possuem um carro de luxo e um carro popular, contribuem mensalmente para um plano de previdência que lhes viabilizará a aposentadoria quando completarem 60 anos e estão formando uma poupança específica para cursos de especialização que ambos pretendem fazer na França daqui a dois anos.

Extrato bancário do casal	
Renda mensal	R$ 5.467,48
Investimentos	R$ 47.995,12
Aplicações mensais	R$ 750,00
Dívidas	R$ 0,00

Comentário: *com gastos mensais de pouco mais de R$ 4.700,00, esse casal desfruta a tranqüilidade de ter investimentos suficientes para cobrir mais de dez meses de um eventual desemprego. Os R$ 750,00 poupados por mês (13,7% dos ganhos) fazem com que essa segurança aumente a cada mês. Como o plano de previdência – não incluído nas aplicações mensais – já garante ao casal a aposentadoria desejada, os recursos poupados formam uma bela reserva para melhorar o padrão de vida ou incluir um bebê em seus planos.*

Um puxando o outro

Ana Cláudia e Pedro moram no mesmo edifício de Vitória e Renato. O casamento dos dois foi viabilizado com uma ajuda dos pais de Ana Cláudia, que emprestaram o dinheiro para a compra do apartamento, a juros reduzidos. Hoje, quatro anos depois, a dívida está a três meses de ser quitada, e eles possuem uma caderneta de poupança com recursos que guardaram no passado. Ana Cláudia não gosta de mexer com números e confia a Pedro todo o controle financeiro do lar. No entanto, é ela quem faz a maioria das compras da casa, já que Pedro não suporta ir a supermercados. Mesmo assim, Pedro explica a Ana Cláudia o porquê de cada decisão de investimento e aproveita sua capacidade de organização para montar listas de compras com histórico de preços anteriores a fim de ajudar nas escolhas da esposa. Para facilitar a vida do marido, Ana Cláudia aceitou desenvolver o hábito de guardar recibos ou anotar os gastos diários em sua agendinha. A meta de ambos é passar a contribuir mensalmente com um plano de previdência privada assim que quitarem a dívida com os pais de Ana. O mesmo valor que pagam a cada mês passará a ser destinado ao plano, afinal eles se habituaram a um padrão estável de gastos.

Extrato bancário do casal	
Renda mensal	R$ 4.340,00
Investimentos	R$ 7.330,07
Aplicações mensais	R$ 0,00
Dívidas	R$ 3.000,00

Comentário: *apesar de não terem reservas suficientes para grandes emergências, ambos, graças à organização e à meta de iniciar a curto prazo um plano de aposentadoria, trilham um caminho bastante tranqüilizador. Um meio de antecipar esse sossego seria utilizar parte dos investimentos para quitar já as dívidas, evitando o desnecessário pagamento de* *juros – que hoje provavelmente consomem todo o rendimento dos investimentos, ou mais.*

Um tropeçando no outro

Patrícia e Sérgio tiveram a felicidade de casar-se sem nenhuma dívida. Ambos bem empregados, adquiriram uma bela casa em um condomínio fechado próximo a São Paulo, paga à vista. Sérgio nunca foi muito consumista, mas não abre mão de trocar de carro todo ano. Patrícia, por sua vez, sempre fez questão de investir em um visual bem produzido, fator importante em sua carreira de vendedora. Há três anos, Sérgio seguiu conselhos de bons amigos e investiu em uma grande promessa do mercado de ações. Mas o resultado do investimento demorou a vir, e as ações se desvalorizaram. Como Sérgio sabia que aquele não era um bom momento para vendê-las, pediu ajuda a Patrícia para que reduzisse os gastos por um tempo. Ela, inconformada com a má escolha do marido, sentiu-se prejudicada – não era justo ter de arcar com um erro dele! Como começaram a brigar sobre o assunto, eles resolveram que não falariam mais sobre aquilo e que cada um cuidaria de suas contas como achasse melhor. Tempos depois, por um descuido, entraram no cheque especial. Patrícia gastara um pouco além da conta em uma viagem de negócios. Sérgio ainda estava com suas ações e teve de vender parte delas para pagar a dívida. Foi o estopim para uma série de desentendimentos, que viraram briga quando Sérgio trocou de carro, gerando nova dívida. Deixaram de viajar e de sair com amigos comuns. Há um ano, quase se divorciaram. Hoje tentam reerguer o relacionamento com a ajuda de uma terapeuta de casais e de um consultor financeiro.

Extrato bancário do casal	
Renda mensal	R$ 7.910,50
Investimentos	R$ 8.100,00
Aplicações mensais	R$ 0,00
Dívidas	R$ 32.600,04

Comentário: *como o casal não resistiu à tentação de antecipar a ascensão de seu padrão de vida, hoje acumula uma dívida equivalente a mais de quatro meses de renda, fruto de decisões ruins do passado. Nessas condições, jamais estarão tranqüilos. É fundamental que eles reduzam o padrão de vida sensivelmente, para antecipar a quitação das dívidas. Eles correm o risco de não ter reservas para nenhum tipo de contingência. Sérgio deveria discutir com analistas de seu banco o potencial de suas ações e, não havendo grandes expectativas de rentabilidade futura, talvez reconhecer as perdas. Na situação deles, o pior investimento é em ativos de risco, como ações.*

Esses exemplos, adaptados de casos reais, são a conseqüência da união de perfis diferentes – ou semelhantes, como no primeiro caso – em relação às finanças. Conhecer o próprio perfil e o do parceiro e saber de suas limitações é a primeira coisa a fazer antes de se propor a discutir sobre dinheiro. As conversas nunca serão livres de divergências ou dúvidas. Conhecer a si mesmos permitirá que um ajude o outro a superar suas fraquezas, para que o relacionamento com o dinheiro seja de multiplicações e realizações de sonhos.

• *Qual é o perfil de vocês?*

Há basicamente cinco estilos de como lidar com o dinheiro. Vejam em qual vocês se enquadram.

POUPADORES: *sabem que é importante guardar e, por isso, não se importam nem um pouco em restringir ao máximo os gastos atuais, para poupar o que for possível e conquistar a independência com muito dinheiro. Nem sempre suas intenções são compreendidas; freqüentemente recebem críticas por serem mesquinhos ou avarentos, verdadeiros "Tios Patinhas".* ***Pontos fortes:*** *disciplina e capacidade de economizar.* ***Pontos***

fracos: *conformismo com um padrão de vida simples, restrições a novas experiências.*

GASTADORES: *para estes, a vida é medida pela largura, não pelo comprimento. É importante viver bem hoje, pois o amanhã pode não existir. Gastam toda a renda, às vezes um pouco mais. Gostam de ostentar, destacam-se pelas roupas caras, não se sentem incomodados em encarar um financiamento se o objetivo é ser feliz. A poupança acumulada, quando existe, é só para a próxima viagem. Seu estilo de vida faz sucesso entre os amigos.* ***Pontos fortes:*** *hábitos pouco rotineiros, abertura a novas tendências, muitos hobbies.* ***Pontos fracos:*** *insegurança em relação ao futuro, dependência extrema da estabilidade no emprego, aversão a controles, orçamentos e contas.*

DESCONTROLADOS: *não sabem quanto dinheiro entra nem percebem quando sai da conta. A cada mês, parece que o dinheiro dura menos. Estão sempre cortando gastos, mas nunca é o suficiente. Usam com freqüência o cheque especial ou pagam a conta do cartão de crédito apenas parcialmente, por falta de fundos. Em casa, não há a menor chance de se sentarem e se organizarem, pois têm coisas mais importantes para fazer.* ***Pontos fortes:*** *é possível identificar algum?* ***Pontos fracos:*** *indisciplina, propensão a conflitos, pagamento desnecessário de juros, desorientação.*

DESLIGADOS: *gastam menos do que ganham, mas não sabem exatamente quanto. Poupam o que sobra, quando sobra. Viajam ou trocam de carro quando atingem um valor mais alto nos investimentos. Se não têm dinheiro na conta, parcelam a compra. Quando os extratos do banco chegam, vão para a gaveta sem ao menos ser abertos. A fatura do cartão de crédito é uma surpresa todo mês. Sempre acham que ainda é cedo para pensar em aposentadoria.* ***Pontos fortes:*** *folgas financeiras, espaço para* *reduzir gastos, se necessário.* ***Pontos fracos:*** *incapacidade de estipular e atingir objetivos, resistência a planos que exijam disciplina.*

FINANCISTAS: *são rigorosos com o controle de gastos, com o propósito de economizar. Nem sempre o objetivo é poupar; às vezes pretendem acumular para poder comprar mais pagando menos. Elaboram planilhas, andam com calculadora e lista de compras nos supermercados e shoppings, fazem estatísticas e projeções com quantidades e freqüência impressionantes. Entendem de investimentos, juros e inflação e são procurados por amigos e parentes para orientações.* ***Pontos fortes:*** *facilidade de desenvolver planos e colocá-los em prática, seleção crítica de investimentos, capacidade de empregar melhor o dinheiro.* ***Pontos fracos:*** *em geral são boicotados pela família, que não se conforma com tantas minúcias; se não souberem se fazer entender, tornam-se uns chatos.*

• *Horóscopo financeiro dos casais*

Vejam o que esperar de seu futuro financeiro, de acordo com a combinação desses perfis:

POUPADOR ♥ GASTADOR: *os números estarão sempre contra seu relacionamento. Se nada for feito, a união de vocês será repleta de crises e brigas. A sugestão é que ambos se inscrevam juntos em um curso de planejamento financeiro pessoal, para que o poupador da dupla encontre os verdadeiros porquês de guardar dinheiro e para que o gastador aprenda a refrear seus impulsos. Perfil de casais desse tipo: um tropeçando no outro.*

POUPADOR ♥ DESCONTROLADO: *o esforço do poupador permitirá um futuro seguro que o descontrolado jamais conquistaria, porém ele vai remar sozinho para realizar os sonhos comuns. Tudo indica que o poupador* *não terá sucesso em acumular mais do que o necessário, pois sempre terá o descontrolado a seu lado para frustrar grande parte de seus objetivos. Esse relacionamento tende a um equilíbrio, mesmo que ambos não saibam exatamente para onde estão indo ou por que acumulam recursos. Perfil de casais desse tipo: um puxando o outro.*

POUPADOR ♥ DESLIGADO: *discussões relacionadas a dinheiro, jamais! Os desligados tendem a concordar com a necessidade de poupança para o futuro e são excelentes colaboradores desse objetivo. É importante que o poupador busque aprender mais sobre planejamento pessoal, pois esse modelo de casal chega à velhice com duas coisas acumuladas: dinheiro e frustração. Marido e mulher nunca saberão ao certo quando é a hora de gastar um pouco. Perfil de casais desse tipo: um puxando o outro, porém com o risco de envelhecerem com a sensação de que um tropeçou no outro.*

POUPADOR ♥ FINANCISTA: *se o financista souber controlar os impulsos conservadores do poupador, será a união do sucesso financeiro. O financista tem os argumentos de que o poupador precisa para se "desligar" um pouco. Já o poupador terá a missão de tirar seu parceiro dos detalhes e pôr o foco no principal, o longo prazo. Perfil de casais desse tipo: tendência de começar com "um puxando o outro" e evoluir para "a todo o vapor".*

GASTADOR ♥ DESCONTROLADO: *esse é o tipo de relacionamento que não vai durar muito para contar a história. O gastador tende a usufruir sem formar reservas, mas o descontrolado faz mais que isso, gastando além da conta. Com o tempo, o gastador perceberá que não consegue mais atingir seus desejos materiais de consumo porque o parceiro não colabora. E essa dificuldade de colaboração muitas vezes é entendida como abuso ou individualismo. Não há amor que sustente tal situação. Perfil de casais desse tipo: a todo o vapor para a separação.*

GASTADOR ♥ DESLIGADO: *a tranqüilidade reinará ao longo do relacionamento. Como o gastador se apega ao consumo e o desligado não, ambos se orgulharão do espaço concedido ao outro. Se essa harmonia for bem administrada e o gastador aprender a disciplinar seu consumo, ainda sobrarão recursos para construir, ao longo dos anos, uma aposentadoria com razoável padrão de vida. Provavelmente, eles precisarão de um consultor financeiro ou de um plano de previdência privada para conquistar seus sonhos. Perfil de casais desse tipo: um puxando o outro.*

GASTADOR ♥ FINANCISTA: *como na união do poupador com o financista, é o casamento da razão com a emoção. Tudo depende da capacidade do financista de provar que eles podem juntos garantir muito mais conquistas se agirem de forma planejada. O equilíbrio deve ser buscado permanente e conscientemente; quando obtido, será a base de um casal que saberá curtir a vida com segurança. Perfil de casais desse tipo: um puxando o outro.*

DESCONTROLADO ♥ DESLIGADO: *o relacionamento será uma navegação rumo ao infinito, sem nunca saber onde aportar. Tempestades e problemas chegarão de surpresa, como o iceberg que afundou o* Titanic. *O descontrolado estará sempre levando o extrato bancário para o vermelho, mas terá o desligado a seu lado para culpar a todo mundo menos eles próprios: bancos, inflação, juros, governo, financeiras etc. Nunca conseguirão acumular riqueza, pois acreditam que isso não depende deles. Perfil de casais desse tipo: a todo o vapor, mas no caminho contrário ao dos sonhos.*

DESCONTROLADO ♥ FINANCISTA: *tempestades à vista! Um financista até conseguirá convencer seu parceiro descontrolado da importância da organização, mas, por mais que tente, jamais conseguirá persuadi-lo de praticá-la. O sucesso do relacionamento dependerá de o financista assumir* *as rédeas das finanças e ser criativo na hora de limitar gastos. Perfil de casais desse tipo: um tropeçando no outro.*

DESLIGADO ♥ FINANCISTA: *se não houver muita conversa em relações desse tipo, o financista tende a assumir o controle das finanças sem a colaboração do desligado, que achará o excesso de controles um verdadeiro exagero. Porém, se ambos souberem lidar com o comportamento do parceiro, esse relacionamento tenderá a resultar em um verdadeiro sucesso financeiro, pois o desligado não criará empecilhos à construção de planos e saberá desfrutar cada conquista a seu tempo. Perfil de casais desse tipo: um puxando o outro.*

Todo relacionamento entre pessoas de mesmo perfil é do tipo "a todo o vapor". Dificilmente surgirão conflitos ligados ao dinheiro, pois os dois pensam da mesma forma. É preciso, porém, evitar os riscos típicos de cada perfil.

POUPADOR ♥ POUPADOR: *terão sucesso se se esforçarem no sentido de encontrar um sentido para o dinheiro e desenvolverem metas de poupança. Se não mudarem, o perfil do casal se encaminhará a todo o vapor para um futuro cheio de dinheiro mas pobre de sentimentos.*

GASTADOR ♥ GASTADOR: *o cuidado a tomar é evitar consumir 100% da renda. Gastadores sabem viver muito bem, mas exageram na dose. Se conseguirem conciliar os hábitos de bon-vivants com investimentos no futuro, deixarão de ter um perfil de casal que se dirige a todo o vapor para problemas financeiros na velhice.*

DESCONTROLADO ♥ DESCONTROLADO: *diferentemente do casal de gastadores, os descontrolados não esperarão a velhice para se atolar em proble-*

mas. É o tipo de relacionamento que, se sobreviver, será a custo de muito sofrimento e privação. Não se trata de caso perdido, desde que com acompanhamento de uma boa terapia de casal. Na maioria dos casos, os parceiros estarão a todo o vapor ao encontro de eternos problemas, não só financeiros.

DESLIGADO ♥ DESLIGADO: *esse casal pode ou não atingir suas metas. A questão é que não sabe como fazê-lo – e talvez nem identifique os objetivos. Como suas preocupações não estão centradas no dinheiro nem no consumo, será muito fácil construir riqueza com a orientação de um especialista ou a aquisição de planos de previdência. Com tal conduta, eles estariam a todo o vapor direcionados para uma vida sem problemas financeiros.*

FINANCISTA ♥ FINANCISTA: *o que falta para a maioria, esse casal tem demais. Organização financeira é bom, mas não pode ser o assunto de todas as conversas, da pizza com os amigos ao momento a dois na cama. O planejamento financeiro bem-feito requer a criação de limites aproximados de gastos. Se os parceiros saírem do limite, pequenos ajustes em seguida resolvem a questão. Aproveitar resultados e não bitolar é fundamental; caso contrário, estarão a todo o vapor rumo a uma vida de números, e não de sentimentos.*

No estereótipo de uma família financeiramente bem-sucedida, o tamanho da casa e do carro cresce ao longo dos anos, os filhos têm os brinquedos e eletrônicos da moda e ganham carro ao entrar na faculdade, a casa de campo ou de praia dos pais vira destino de fim de semana dos amigos dos filhos e o casamento dos jovens é totalmente pago pelos pais. Eis um verdadeiro conto de fadas da classe média.

Capítulo 2. A dificuldade de planejar: um problema de quase todas as famílias

Os problemas financeiros familiares decorrem de decisões ou escolhas ruins. Se vocês enfrentam dificuldades dessa natureza, a culpa não é dos juros elevados dos bancos, mas sim de um padrão de vida elevado demais para a renda da família. Vocês devem hoje em razão de uma compra feita no passado em um momento em que não havia dinheiro para isso. Os erros financeiros são verdadeiras armadilhas. Caímos facilmente nelas por pura ingenuidade; depois, vivemos um verdadeiro pesadelo que pode durar meses ou anos.

Na maioria das vezes, orçamento, planejamento financeiro, dinheiro ou controle de gastos não fazem parte das conversas dos casais. Isso acontece com mais freqüência nas famílias em que um dos dois ganha muito mais do que o outro ou é o único a trazer renda para casa. Nesses casos, é comum que quem receba mais controle o dinheiro e decida sobre o futuro. É o passo inicial para um relacionamento repleto de desconfianças, displicência na limitação de gastos e perda de controle financeiro. Estabelecer objetivos de longo prazo passa a ser um problema, porque quem não participa das finanças não percebe as metas serem atingidas gradativamente. Irá notar apenas o sacrifício no momento do desembolso, como ocorreu com Sandra:

Dênis e Sandra conviviam havia meses com recursos restritos. A cada compra no supermercado, Dênis pedia à esposa que controlasse os gastos, pois o orçamento estava apertado. Dizia que a inflação estava engolindo o salário. Tamanhas foram as restrições que Sandra ficou meses sem conseguir comprar uma peça de roupa. A situação não estava confortável, mas

Dênis prometia que viriam melhoras pela frente. No fim do ano, a surpresa: ele deu de presente à mulher um carro novinho, assumindo um financiamento por doze meses após o pagamento de uma boa entrada. No entanto, o desgosto de Sandra naquele ano havia sido tão grande – até renunciara à celebração do Natal com a família – que ela recebeu o presente com raiva. Sandra não se conformava com as prioridades estabelecidas pelo marido. Obviamente, passado algum tempo ela se conformou com o presente, mas nunca mais viria a colaborar com Dênis na limitação de despesas da família. Hoje, alguns anos depois, vivem sérias dificuldades financeiras.

Começando mal vai terminar mal. Em geral, as famílias evoluem convivendo com falta de planejamento, pequenas brigas diárias em torno de dinheiro e rápidos ajustes do orçamento a eventuais crescimentos na renda. Quando aumenta o salário, logo se encontra uma forma de utilizar a renda extra, seja adquirindo bens em prestações, seja trocando de automóvel ou comprando um terreno, um sítio ou uma casa de praia por meio de financiamento.

No estereótipo de uma família financeiramente bem-sucedida, o tamanho da casa e do carro cresce ao longo dos anos, os filhos têm os brinquedos e eletrônicos da moda e ganham carro ao entrar na faculdade, a casa de campo ou de praia dos pais vira destino de fim de semana dos amigos dos filhos e o casamento dos jovens é totalmente pago pelos pais. Eis um verdadeiro conto de fadas da classe média.

Ainda hoje, porém, grande parte das famílias que conquistam esses sonhos se esquece de pensar no futuro e tem um destino semelhante: venda de bens para pagar tratamentos de saúde, aposentadoria com falta de dinheiro (leia-se dependência dos filhos para o sustento da velhice) e queda significativa no padrão de vida. Quando os pais deixam alguma herança, ela dura poucos anos – quando não meses – nas mãos dos filhos. Sonhos construídos juntos e que talvez tenham fortalecido um belo relacionamento vão, com o passar dos anos, se desfazendo um a um diante da dura realidade da falta de dinheiro. O sonho da aquisição se transforma no pesadelo da perda. Trata-se de retrato triste, real e comum a muitos casais.

Esse cenário poderia ser um pouco diferente com a adoção do planejamento financeiro. Para formar uma poupança, as famílias adiariam por alguns meses a aquisição de certos bens. A escola e a faculdade dos filhos seriam pagas por uma poupança aberta exclusivamente para essa finalidade, em vez de consumir grande parte da renda dos pais. Moradia e veículos teriam um padrão ligeiramente inferior ao que a renda permite, mas estariam garantidos para o resto da vida, juntamente com uma poupança gorda no banco.

• *Por que quase todos erram*

Será tão difícil aprender planejamento financeiro? Na verdade, não. O planejamento financeiro familiar – que também chamo de plano de independência financeira – não requer cálculos complexos nem grande habilidade com números ou calculadoras. Boa parte das ferramentas necessárias ao planejamento pode ser obtida sem custo e está pronta para ser usada em casa[1]. Certamente, aqueles sem aptidão nem afinidade com números sentirão maior dificuldade, mas garanto que será apenas no começo. Traçar um plano com objetivos claros, segui-lo e acompanhar as metas aproximando-se é algo muito prazeroso. Muitos obstáculos de curto prazo são relevados quando se perseguem objetivos maiores de longo prazo.

1. Ao longo do texto, há tabelas de cálculos e exemplos bastante úteis.

Mas, se manter um plano de independência financeira não é algo tão complexo, por que grande parte das pessoas falha ao tentar pôr em prática essa regra?

Em primeiro lugar, há que considerar a tendência de cada indivíduo de colocar sua vida pessoal em segundo plano, em razão de exigências profissionais. Acontece com a alimentação, com o sono, com a prática de exercícios e com o amor, portanto não haveria de ser diferente com o planejamento orçamentário. Todos sabem que essas são necessidades fundamentais para a felicidade e a qualidade de vida, porém a maioria das pessoas não consegue romper bloqueios que as levam a um envelhecimento precoce. Trata-se de uma simples questão de objetivos, prioridades e boa vontade.

Em segundo lugar, deve-se levar em consideração que a burocrática rotina de controlar gastos e traçar estratégias não é tão prazerosa quanto comer, dormir, exercitar-se e fazer sexo. Nunca convencerei vocês, leitores, de que o planejamento financeiro pode vir a ser mais excitante ou agradável que as atividades aqui citadas. Mas o hábito de estabelecer objetivos, traçar planos para atingi-los e colocá-los em prática pode ser, sim, muito excitante, sobretudo quando os projetos são traçados a dois e têm como meta grandes conquistas. Um exemplo: a possibilidade de obter em alguns anos uma renda estável e não precisar mais depender do salário para manter a família.

Finalmente, a terceira razão que dificulta a construção de um plano de independência financeira é a sedução do dinheiro. É possível aprender meios de se relacionar melhor com o dinheiro; o difícil é resistir às tentações que ele nos oferece. Se seus objetivos de vida não forem claramente estabelecidos, será muito difícil abrir mão da possibilidade de adquirir um item de consumo – roupas de grife, carro do ano, novas tecnologias, eletrodomésticos, entre outros – se vocês tiverem dinheiro disponível pelo menos para o pagamento da entrada. Mesmo para aqueles que se convencem da importância da formação de reservas financeiras, chega um momento em que o tamanho da poupança pode criar uma sensação de desconforto: como se sente uma família que ganha R$ 1.000,00 por mês e consegue formar uma poupança de R$ 30.000,00? Certamente se sente melhor que aquelas que não conseguiram juntar poupança nenhuma. Mas, se os objetivos de poupança não estiverem estabelecidos com clareza, uma quantia tão superior à renda será uma verdadeira tentação, dificilmente se manterá ao longo dos anos. A tendência, infelizmente, é gastar esse dinheiro.

• *Os benefícios do planejamento financeiro de longo prazo*

O planejamento financeiro tem um objetivo muito maior do que simplesmente não ficar no vermelho. Mais importante do que conquistar um padrão de vida é mantê-lo, e é para isso que devemos planejar. Os maiores benefícios dessa atitude serão notados alguns anos depois, quando a família estiver usufruindo a tranqüilidade de poder garantir a faculdade dos filhos ou a moradia no padrão desejado, por exemplo.

É importante ter em mente que não há propósito em guardar dinheiro tão-somente pelo ato de guardar em si. Dinheiro guardado não trará maior sensação de segurança se vocês não souberem definir o que é e quanto custa a segurança. Dinheiro não lhes dará prazer se vocês não aprenderem a tirar prazer de cada momento da vida. Dinheiro não trará felicidade se vocês não souberem o que é felicidade. O grande bem que o dinheiro pode lhes dar é permitir manter aquilo que vocês conquistam. Perder o que conquistamos durante a vida significa deixar essa vida aos poucos, da pior maneira.

Muitos não acumulam reservas financeiras porque crêem que a única maneira de deixar algo para os filhos é construindo um patrimônio físico, com imóveis e bens de valor. Mas poucas são as pessoas que, ao receber uma herança em bens, conseguem construir riqueza a partir deles, multiplicando-lhes o valor. Em geral, o destino do bem herdado é sua venda abaixo do valor de mercado. Grande parte das oportunidades do mercado imobiliário aparece quando herdeiros com problemas financeiros procuram corretores para avaliar seus imóveis.

Por isso, tenham em mente que o futuro de vocês e de seus filhos é conseqüência não só das decisões de hoje, mas também do que gastam no dia-a-dia. Na Parte 2, proponho formas de lidar com o dinheiro respeitando os objetivos e as necessidades de cada um. Antes, façam esta auto-avaliação, que ajudará bastante a entender as limitações a trabalhar e as qualidades a explorar no caminho para a prosperidade.

• *Teste: avaliem a capacidade do casal de construir riqueza*

Muitas famílias não enriquecem simplesmente porque as idéias do casal sobre dinheiro não convergem ou convergem para o ponto errado. Vejam se vocês estão no caminho certo para construir riqueza juntos. Assinalem ou anotem em uma folha de papel a resposta que melhor se aplica aos hábitos do casal em relação ao planejamento financeiro.

1. *Em relação à renda de cada um:*
   a) Um não sabe quanto o outro ganha.
   b) Um tem uma idéia de quanto o outro ganha, mas não há necessidade de discutir esse assunto.
   c) Os dois sabem exatamente quanto cada um ganha (mesmo que só um tenha renda).

2. *Como vocês administram a renda do casal?*
   a) Cada um paga suas contas, os gastos conjuntos são divididos igualmente entre os dois e os investimentos são separados.

b) Os dois mantêm contas-correntes e investimentos separados, mas o pagamento das contas do casal é decidido por acordo entre os dois.
c) A renda dos dois é somada, as contas são pagas do bolo total e os dois investem juntos.

3. *Como são feitas as decisões de compras e gastos da casa de vocês?*
a) Cada um fica responsável por determinada compra ou gasto e usa o bom senso quanto aos valores.
b) Mesmo quando as compras são feitas separadamente, sempre há alguma conversa sobre quanto gastar e a disponibilidade de saldos e limites.
c) Há previsões de valores para cada tipo de gasto do mês, ambos as compartilham e discutem ajustes quando não é possível mantê-las.

4. *Em relação ao orçamento doméstico:*
a) Vocês não realizam nenhum controle mensal de gastos.
b) Um de vocês faz um controle periódico, mas raramente conversam a respeito.
c) Ambos discutem o orçamento doméstico ao menos a cada dois meses.

5. *Em relação ao futuro:*
a) Vocês mal conseguem controlar o presente, por isso não têm condições de se preocupar com o futuro.
b) Vocês poupam ou contribuem para um plano de previdência mensalmente, menos do que gostariam ou só para garantir alguma coisa na velhice.

c) Vocês investem com regularidade ou contribuem para um plano que seguramente garantirá o sustento na velhice.

6. *Se hoje tiverem um gasto inesperado igual a duas vezes a renda mensal de vocês, como farão?*
   a) Recorrerão a empréstimos.
   b) Resgatarão recursos, consumindo mais de 20% das reservas.
   c) Vocês têm uma reserva específica para contingências e novos gastos ou resgatarão menos de 20% das reservas.

7. *Como vocês planejam as férias?*
   a) Trabalham nas férias para pagar as contas.
   b) Tiram férias de acordo com o dinheiro que sobra na conta ou utilizam recursos investidos sem finalidade específica.
   c) Planejam as férias com antecedência, aplicando recursos durante alguns meses especificamente para esse fim.

8. *Em relação aos gastos de ambos, vocês:*
   a) Não se preocupam com controles, anotações em canhoto de cheques e arquivamento de comprovantes.
   b) Apenas um dos dois cuida dos controles, já que o outro não se interessa ou não consegue fazê-lo.
   c) Controlam todos os gastos e conversam freqüente e abertamente sobre eles.

9. *Quanto aos investimentos do casal:*
   a) Cada um investe seu dinheiro ou apenas um dos dois investe e o outro não entende do assunto ou não está a par.

b) Os investimentos são somados em uma única conta, ambos conhecem o total investido, mas apenas um dos dois escolhe onde investir.
c) Ambos discutem abertamente as alternativas de investimento e conhecem saldos e objetivos de diferentes aplicações.

10. *Como vocês mantêm os controles financeiros?*
a) Tudo o que já foi gasto não importa mais; os comprovantes são jogados fora.
b) Os comprovantes, notas fiscais, canhotos e contas são guardados todos juntos, sem muita organização.
c) Os pagamentos feitos são arquivados por tipo de gasto, apenas pelo período exigido por lei. Comprovantes desnecessários e canhotos de cheque são jogados fora quanto antes.

PONTUAÇÃO

Atribua, para cada resposta:
- **a**, 1 ponto;
- **b**, 2 pontos;
- **c**, 3 pontos.

RESULTADOS DO TESTE

10 a 15 pontos: vocês ainda estão tropeçando um no outro. O dinheiro continua sendo um tabu entre vocês, pois provavelmente cada um tem uma visão diferente acerca de objetivos e limites de gastos. Mais cedo ou mais tarde, conflitos sobre dinheiro vão atrapalhar seu relacionamento, se já não o fazem. É hora de se sentarem juntos, conversarem um pouco sobre o que já fazem com o dinheiro e sobre o que têm dúvidas. Discutam o que precisa ser feito para tornar o orçamento mais eficiente e pensem em traduzir nas finanças o que vocês esperam do relacionamento: uma forte união.

16 a 25 pontos: muito do que precisaria ser feito para o sucesso financeiro de vocês já foi posto em prática. Provavelmente, um puxa o outro em relação aos objetivos e às necessidades financeiras para atingi-los. Com certeza, vocês podem melhorar a eficiência do uso do dinheiro estudando um pouco mais as alternativas de que dispõem, seja para investimentos, seja em situação de aquisição de bens.

26 a 30 pontos: vocês estão a todo o vapor no caminho do enriquecimento. Parabéns! Essa sintonia quanto ao dinheiro provavelmente se traduz no dia-a-dia do relacionamento, e vocês devem ter muito menos problemas do que casais de amigos seus. Dividam seus conhecimentos e seus hábitos com casais amigos!

Parte 2

Planejamento ao longo da vida

Capítulo 3. As finanças do namoro e do noivado

Para boa parte das pessoas, a fase de namoro coincide com um momento de grandes escolhas que certamente definirão o resto da vida. As mais importantes delas são *o que estudar* e *em que trabalhar*. São opções difíceis, muitas vezes simultâneas e tomadas em um período em que ainda não estamos maduros para tais decisões. Por isso, não é incomum que essas escolhas sejam feitas erroneamente, originando profissionais frustrados. Se, nessa fase tão complicada, ainda tivéssemos de escolher a pessoa com quem dividir para sempre os bons e os maus momentos da vida, o risco de construir também relacionamentos infelizes seria bem maior.

Por isso é que existe o namoro: para conhecer a pessoa amada. E por isso é que existem estágios e programas de *trainees*: para conhecer a profissão. Não deu certo? Ótimo, pois ainda há tempo para trocar. Custará muito dinheiro e sofrimento mudar depois, quando as coisas estiverem mais consolidadas. Isso vale para a profissão e para o relacionamento.

E por que estou discutindo esses assuntos em um livro de finanças? Ora, porque com seu dinheiro não é diferente. Nessa mesma época em que talvez façamos escolhas imaturas, decidimos também a forma de lidar com o dinheiro. Quando começamos a obter renda, abre-se um horizonte de oportunidades e curtições. Tornamo-nos mais independentes, temos maior poder de escolha. Afinal, o dinheiro é nosso! Sobretudo porque, quando solteiros, vivemos com os pais, em geral com casa e comida asseguradas, e não temos compromissos regulares para saldar com nosso dinheiro.

Esse período constitui uma grande oportunidade de aprender a construir a independência financeira. Se começarmos a viver além de nossas posses e gastarmos mais do que pudermos, o dinheiro vai faltar no futuro.

Se não tivermos planos para emergências, poderemos quebrar. Mas, se tivermos reservas suficientes, o dinheiro jamais será uma preocupação em nossa vida.

Minha sugestão sincera é que vocês aproveitem o momento de total liberdade de escolha em relação ao dinheiro para:

1) Aprender a organizar suas finanças, gastando um pouco menos do que ganham, investindo a diferença e construindo um projeto de longo prazo para atingir determinada poupança.
2) Começar a investir em ações, estudando um pouco o assunto, o que pode gerar um crescimento rápido da poupança. Ao longo dos anos, sua aversão ao risco aumentará; então aproveitem a boa fase para acumular. Por que boa fase? Porque seus custos essenciais são cobertos por seus pais, e o dinheiro investido não será fundamental para garantir seu futuro. Em outras palavras, porque os jovens aceitam correr mais riscos, ousam mais e, portanto, criam grandes oportunidades de ganhos. Costumo afirmar que só entende de ações quem já perdeu muito dinheiro com elas. Para não ter de aprender da pior forma, comecem desde cedo utilizando simuladores com dinheiro virtual na internet. O *site* do Folha em Ação, do jornal *Folha de S. Paulo*, é um dos mais populares e oferece prêmios aos participantes[2].

Se vocês iniciarem a vida independente de modo organizado, terão um tranqüilo caminho a seguir em direção à riqueza. Quando começarem a dividir sua intimidade com outra pessoa, será muito mais fácil lidar com o dinheiro se já tiverem um plano, com metas traçadas e estratégias estabelecidas. Em um relacionamento a dois, fica difícil discutir sobre

---

2. Acesse em http://emacao.folha.com.br/

investimentos de risco, como ações e moeda estrangeira, pois cada cabeça tem um diferente nível de aversão ao risco. Porém, com um pouco de estudo sobre o assunto se descobrirá que, com planejamento financeiro de longo prazo, é possível neutralizar grande parte do risco pela diversificação dos investimentos. Quando, depois do casamento, se abordar esse tipo de estratégia com o parceiro, será muito mais fácil falar disso utilizando um plano pronto, de preferência apresentando como exemplo resultados obtidos no passado.

Melhor ainda: começando cedo, vocês poderão desfrutar sua poupança antes. Digamos que vocês tenham como objetivo financeiro atingir uma renda de R$ 10.000,00 por mês para manter a família. É um salário razoável, que poucos conseguirão no mercado brasileiro (valores do fim de 2004). No entanto, vocês podem garantir essa renda mesmo após se aposentar se escolherem, por exemplo, um dos seguintes caminhos:

- Investir R$ 720,00 por mês a juros líquidos[3] de 0,6% ao mês durante quarenta anos.
- Investir R$ 3.747,00 por mês a juros líquidos de 0,6% ao mês durante vinte anos.
- Investir R$ 85,00 por mês a juros líquidos de 1% ao mês durante quarenta anos – sim, R$ 85,00!
- Investir R$ 1.011,00 por mês a juros líquidos de 1% ao mês durante vinte anos.

A renda de R$ 10.000,00 por mês (atualizada pela inflação) será proporcionada pelo rendimento da poupança formada após o prazo exposto acima. Percebam que os juros obtidos fazem muita diferença. Hoje, investimentos tradicionais (fundos, CDBs, títulos do governo) rendem

3. Juros líquidos são aqueles obtidos após descontar a inflação e o imposto de renda.

cerca de 0,6% ao mês líquido. Para conseguir rendimentos melhores, o investidor tem de recorrer a ativos de risco, como ações. Em alguns meses vocês perceberão que obter algo em torno de 1% ao mês no mercado de ações requer estratégias simples: basta adquirir certa experiência, acompanhar as notícias e acreditar nas empresas mais sólidas. Seguindo uma estratégia e mantendo-se informados, vocês poderão estar aposentados com um salário superior ao que ganham hoje em bem menos tempo do que imaginam.

• *Comprar presentes caros e pagar as contas é sinal de amor?*

Todo relacionamento começa no namoro. Namorar é conquistar; conquistar é surpreender; surpreender é ser diferente. Uma maneira de ser diferente é gastar dinheiro de forma inesperada. A grande mudança que ocorre com o namoro é que nossa tendência de gastar muda de foco. Passamos a usar nosso dinheiro para a conquista, comprando presentes que surpreendam a pessoa amada e agradem. A conseqüência desse comportamento é que muitos apaixonados perdem a fantástica oportunidade de enriquecer em uma fase muito propícia, quando a renda ainda não está comprometida com os enormes custos fixos de manter um lar e uma família.

Está errado quem procura agradar à pessoa amada com presentes originais e caros? Não tenho a pretensão de dizer o que é certo e o que é errado no complexo jogo do amor, mas devo lembrar que conquistar é surpreender, e surpreender é ser *diferente*. Diferente não é sinônimo de caro, mas sim de *original*. Querem demonstrar amor? Sejam criativos! Percam algumas horas de sono bolando um presente original ou façam o próprio presente. Um belo buquê de rosas é garantia de encantamento, mas pode custar um fim de semana de lazer; uma única rosa de uma roseira cultivada durante meses no próprio jardim pode trazer encantamento muito maior...

Os rapazes devem sempre pagar a conta? As meninas devem exigir isso do namorado? E o contrário? Outro comportamento típico do namoro, fruto de uma sociedade ainda predominantemente machista, é a gentileza de o homem pagar a conta. Será dever do homem pagá-la? Aqui, cabem o bom senso e uma conversa, talvez com uma pitada de sensibilidade. No passado, os homens sempre pagavam a conta porque as mulheres não trabalhavam, portanto não tinham renda. Hoje, é provável que, em muitos casos, a mulher tenha renda superior à do homem.

A sociedade mudou, mas o fato de o homem pagar a conta em um barzinho ainda pode ser considerado uma gentileza. Porém, nem sempre essa é a melhor postura. Pagar sempre pode gerar uma sensação de intimidação, algo como "pago porque posso mais do que você". Ninguém diz isso, claro, mas estamos tratando de uma nova sociedade com igualdade de direitos, deveres e poderes entre os sexos. Por outro lado, não se oferecer para pagar nada gera a sensação de falta de comprometimento: "Se você tem renda, por que eu pago tudo?"

O melhor caminho para evitar problemas é combinar antes. Vão sair? Ambos têm dinheiro? Vão rachar ou um paga desta vez e o outro na próxima? Proponham regras antes de receber a conta ou mesmo antes de sair. E, quando se trata de dinheiro, é muito mais elegante que a proposta de "rachar a conta" venha da parte supostamente passiva na situação. Se a sociedade ainda crê que o homem deve pagar a despesa, é elegante que parta da mulher a proposta de dividir a conta ou de pagá-la agora e ele na próxima vez. Esse é o primeiro passo para que as conversas sobre dinheiro no relacionamento sejam sempre naturais.

• *Dicas para presentear seu amor gastando menos*

A escolha de um presente é algo muito pessoal. Com certeza, a fórmula para acertar em cheio o presente é atentar para as dicas da pessoa amada.

Independentemente do presente a dar ou a receber, valem algumas regras de ouro para fazer sobrar mais dinheiro:

Poupar para presentear. Não têm como escapar de um presente caro? Às vezes, a única dica de presente-desejo disponível extrapola completamente o orçamento do mês. Se a criatividade não está em alta e não há como escapar do luxo, tenham como regra fundamental fugir dos financiamentos, que embutem juros altíssimos! Façam reservas, poupem para comprar à vista. Dinheiro investido vale mais do que aquele que vocês guardam em casa – os juros o fazem crescer. Dinheiro financiado vale menos do que aquele que vocês pagam – os juros roubam parte dele. Não existe "dez vezes sem juros". Se o lojista se recusa a dar desconto à vista, visitem um concorrente e negociem. Sempre haverá alternativa mais barata que qualquer falso parcelamento sem juros, pois os juros estão embutidos de alguma forma.

Fujam de arapucas comerciais. Dentre as quatro datas especiais para dar presentes – Dia dos Namorados, Natal, aniversário pessoal e aniversário de namoro –, as duas primeiras são um pesadelo para qualquer orçamento. Ambas são verdadeiras armadilhas para o bolso incauto. Todos saem às compras e, em razão disso, os preços sobem significativamente. Quem deve receber o presente não é o comerciante! Fujam dos preços altos! Comemorem o Dia dos Namorados na véspera. Comprem presentes pelo menos 45 dias antes dessas datas. Evitem restaurantes, motéis e bares nessas ocasiões, quando os preços chegam a dobrar em relação aos da véspera ou do dia seguinte.

Planejem as viagens a dois. Um grande contraste entre a fase de solteiro e a do namoro maduro está nos gastos com viagens e lazer. Solteiros saem à noite e ficam satisfeitos com qualquer *hot dog*. Namorados saem *para jantar*. Solteiros viajam e só fazem questão da bagunça – às vezes nem lembram o que comeram e onde dormiram. Namorados viajam em busca de uma pousadinha e restaurantes charmosos. Pode ser um estereótipo, mas essa é a regra. Mesmo mantendo os hábitos da fase pré-namoro, os gastos do namoro podem ser um pouco mais robustos. Devem deixar de fazer aquilo de que gostam? Obviamente não, mas é bem provável que a freqüência das saídas tenha de diminuir em troca da qualidade. Nesse caso, a regra é planejar: pesquisar preços, juntar dinheiro durante algumas semanas e então curtir muito!

• *A primeira grande crise do relacionamento*

Para muitos casais, o namoro é como um conto de fadas, uma eterna preparação para a lua-de-mel, mesmo que ainda não esteja nos planos. A convivência restrita a poucos dias da semana, o fato de ambos se encontrarem sempre em clima de passeio e diversão e a ausência de rotina criam a impressão de que estar nos braços da pessoa amada é o mundo dos sonhos.

Por essa razão, a decisão de casar-se acaba sendo um drama para muitas pessoas. Saem de cena momentos de lazer, convivência exclusivamente a dois, presentes românticos e orçamento para um fim de semana. Entram em cena rotina do lar, convivência com parentes (incluindo sogros), gastos com moradia e orçamento apertado para o mês. O drama começa quando o casal pensa em quanto vai custar a vida a dois e nas responsabilidades a ser assumidas. Como a quase totalidade das pessoas não tem a preocupação de se preparar para isso antes de falar em casamento, as mudanças são recebidas como uma ducha geladíssima.

Está desenhado o cenário da primeira crise de todos os casamentos: aquela que acontece *antes* do casamento. É quando "cai a ficha". Homens entram em pânico, procuram adiar a decisão, pois percebem o tamanho e o preço da responsabilidade. Mulheres se desesperam, pois entendem que eles não estavam levando a sério o namoro. Muitos relacionamentos acabam nesse momento.

Parte dessa crise é financeira, parte é de responsabilidade pessoal. Sim, os homens surtam ao perceber a grande responsabilidade que terão pela frente – ainda fruto da sociedade machista e da falta de capacidade de compartilhar problemas. Uma forma muito simples de suavizar essa passagem do mundo dos sonhos para o das responsabilidades é passar a dividir seus projetos antes mesmo de falar em casamento. Compartilhem sonhos e metas para a vida. Dividam seus medos e angústias. Comecem a construir planos de independência financeira juntos, simulando os custos mensais que teriam no futuro, se casados.

Muitas pessoas que conheço e são felizes no casamento tiveram uma passagem suave entre a vida de solteiro e a vida a dois. Foram aos poucos juntando hábitos, depois projetos, depois convivendo mais tempo e com as respectivas famílias, unindo contas-correntes ou investimentos... Casar foi praticamente formalizar a vida a dois que já levavam, uma transição em que ambos não tiveram surpresas.

• *Economizando para montar a casa*

Quero dividir com vocês um pouco de minha intimidade: minha primeira lição de planejamento financeiro familiar. Antes de pensar em casamento, não tinha planos de enriquecimento. Nunca fui esbanjador, poupava parte de minha escassa renda obtida como estagiário e como professor de inglês. Mas era uma poupança sem meta de longo prazo, meu objetivo era apenas guardar. O dinheiro poupado teve altos e baixos, pois eu aproveitava o fato de ser estagiário de um grande banco para obter dicas e investir em ações, mas fazia isso sem conhecimentos essenciais sobre o assunto.

Quando eu e a Adriana começamos a falar em casamento, minha poupança não chegava ao valor de meio carro popular. E a dela era menor ainda! Mas passamos a sonhar com nossa festa de casamento, com muitos amigos e parentes, jantar, música, detalhes que fazíamos questão de ter. Construir esse sonho foi um dos momentos mais felizes de nossa vida. Montamos uma planilha que incluía tudo, inclusive os gastos com o apartamento – aluguel, reforma, móveis e decoração – e a lua-de-mel. Quando fomos pesquisar preços e condições, bateu o desânimo que bate em todo casal nessa fase. O valor de tudo aquilo era absurdamente alto e incompatível com nossos salários! Teríamos de guardar quase todo o dinheiro que ganhávamos no mês durante pelo menos dois anos para financiar o início de nossa vida.

Nesse momento, tomamos a decisão que não só foi a mais correta como também me incentivou a desenvolver todo um trabalho a partir de então, passando a orientar as pessoas a agir como nós. Construímos um plano para pagar tudo. De acordo com ele, teríamos de poupar 75% de nossa renda conjunta, durante 24 meses, e ainda contar com mais seis meses de renda para pagar algumas prestações que se acumulariam após a lua-de-mel, já que o dinheiro não seria suficiente para financiar tudo no prazo que desejávamos. Tivemos de unir paciência – esperar um pouco mais do que gostaríamos – e sacrifício – deixar de gastar nosso dinheiro e economizar muito.

Não fizemos como muita gente. Alguns resolvem casar quanto antes, pois "se não fizermos agora não faremos nunca". Começam uma vida a dois cheia de problemas e dívidas. Muitos casamentos acabam assim, pois o sacrifício, se evitado antes, tem de ser feito no melhor momento da vida a dois. Outros resolvem simplesmente adiar, sem estabelecer uma meta: "Não temos dinheiro e não podemos agora". E não terão nunca, se não colocarem algum plano em prática.

Meu plano com a Adriana deu tão certo que, nesse período de dois anos entre a decisão e o casamento, sentimos que o mundo percebeu nossa alegria. Trabalhamos furiosamente determinados e economizamos com garra, pois o objetivo estava logo ali. Era um sacrifício, mas perfeitamente aceitável, pois tinha data para acabar. Toda essa disposição se refletiu na qualidade de nosso trabalho: crescemos na carreira e nossa renda aumentou. No dia do casamento, tínhamos acumulado mais do que pensávamos. Casamos com as contas quitadas (sem as prestações que projetáramos), apartamento montado e pagando uma lua-de-mel bem mais ambiciosa do que sonháramos.

Deu tão certo que a primeira coisa que fizemos ao iniciar a vida no novo lar foi esboçar nossa planilha de orçamento doméstico, com metas de poupança e independência financeira – como o planejamento que explicarei no próximo capítulo.

• *Construindo o ninho*

O momento da escolha da moradia é decisivo para o sucesso financeiro do casal. A diferença entre a boa e a má escolha pode resultar tanto num futuro milionário quanto num total desastre financeiro. Isso porque nosso padrão de vida é *escolhido* quando definimos nossa moradia. Com ela, vêm hábitos de consumo, eletrodomésticos, despesas com transporte (em função da proximidade do local de trabalho), gastos ou economias com facilidades (garagem, quintal ou playground para os filhos), impostos e status da vizinhança – preços diferenciados na padaria, na feira e no supermercado, por exemplo.

Escolher uma moradia com padrão acima de suas posses inviabilizará a formação de poupança e aumentará o risco de gastar dinheiro desnecessariamente com juros, nos períodos em que a conta familiar entrar no vermelho. Em outras palavras, **dificuldades financeiras são escolhas pessoais: vocês decidem tê-las quando ignoram a importância do planejamento financeiro.**

Com exceção dos poucos felizardos que ganham uma casa de presente dos pais, existem basicamente três opções para a definição da moradia: comprar, alugar ou construir a própria casa.

O tradicional conselho de família diz que comprar um imóvel é melhor do que alugar. Cuidado: esse era um conselho muito bom na época em que as taxas de inflação eram elevadas e o mercado financeiro não oferecia alternativas de investimento que acompanhassem a inflação. Comprar pode ser o pior negócio, a não ser que a moradia esteja em local com grande potencial de valorização, esteja abaixo do valor de mercado ou quando o casal dispõe de recursos no Fundo de Garantia suficientes para pagar significativa parte do valor do imóvel – pelo menos 30%. Isso porque o saldo do FGTS rende juros muito baixos – 3% ao ano mais TR, ou seja, 3% menos que a caderneta de poupança! Mesmo nessa situação, porém, é preciso pensar duas vezes e fazer as contas se vocês tiverem de financiar o restante do valor do imóvel durante um prazo muito longo. Adiem a compra e esperem formar um fundo maior, se for o caso.

Pensem da seguinte forma: se hoje vocês recebem de herança uma casa avaliada em R$ 100.000,00, qual é a melhor escolha: vendê-la ou alugá-la a terceiros?

> **Opção 1:** se vocês venderem a casa e aplicarem essa quantia em um bom fundo DI, a juros líquidos (após impostos) de 1% ao mês[4], receberão R$ 1.000,00 ao mês de renda.

> **Opção 2:** se vocês optarem por ficar com a casa e alugá-la, não receberão mais do que 0,8% do valor do imóvel, isto é, R$ 800,00 ao mês, sem contar a taxação do imposto de renda e os riscos: não receber o aluguel ou ter de arcar com os gastos de manutenção (e condomínio, no caso de apartamento) no período em que o imóvel permanecer vago.

A opção 1 é claramente melhor, sobretudo se considerarmos que existem alternativas mais rentáveis de investimento e que nem sempre se

---

4. Aqui, não desprezo a inflação, já que o valor do aluguel mensal também será corrigido pela inflação periodicamente.

consegue alugar um imóvel a preços de mercado. Essa situação somente se inverte quando a região apresenta grande potencial de valorização imobiliária. Nas grandes cidades, porém, isso é cada vez mais raro.

O raciocínio a ser utilizado na aquisição de um imóvel é o da outra parte na negociação. Se alugar é um péssimo negócio para os proprietários, é um ótimo negócio para os inquilinos. Entre comprar uma casa à vista e alugar outra de mesmo valor, é melhor alugar. Em vez de desembolsar R$ 100.000,00, apliquem esse valor e paguem com sobra um aluguel de R$ 800,00, já que a renda mensal com os juros será em torno de R$ 1.000,00.

E se vocês não tiverem os R$ 100.000,00 para comprar à vista? Vale a pena entrar num financiamento? Vejam o exemplo que desenvolvi no livro *Dinheiro – Os Segredos de Quem Tem*:

- Para adquirir um imóvel cujo preço à vista é de R$ 100.000,00, será necessário pagar uma prestação média de R$ 1.101,09 se vocês optarem por um financiamento de vinte anos com juros mensais de 1% mais inflação[5].
- Se, em vez de entrarem em um financiamento, optarem por alugar um imóvel de padrão idêntico (mesmo preço de venda), irão pagar R$ 800,00 por mês, na pior das hipóteses.
- Se vocês tomarem o cuidado de poupar a diferença de R$ 301,09[6] durante vinte anos, a juros líquidos de 0,6% ao mês (após taxas, impostos e inflação), acumularão nesse período o equivalente a, em valores de hoje, R$ 160.710,50.

---

5. Todos os valores citados continuam válidos no futuro, pois estamos sempre considerando o efeito da inflação tanto no financiamento quanto no investimento.
6. Corrigindo esse valor pela inflação, como ocorreria no financiamento.

- Se, após os vinte anos de poupança, vocês pararem de poupar os R$ 301,09 todo mês e deixarem o dinheiro acumulado rendendo juros líquidos de 0,6% ao mês, terão uma renda mensal para o resto da vida de R$ 964,26, dinheiro mais que suficiente para sempre alugar um imóvel novo de R$ 100.000,00 e ainda deixar o patrimônio crescendo. Sem contar que, após vinte anos, o imóvel comprado já estaria bastante depreciado...

Essas regras são universais e serão válidas no Brasil enquanto perdurarem os juros elevados. Vocês devem estar se perguntando por que, então, seus parentes e amigos não fazem isso. A razão é simples: falta a disciplina de poupar quando se opta por uma situação financeiramente mais vantajosa.

Farão negócio muito melhor os casais que, em lugar de pagar por moradia pronta, tiverem a oportunidade de construir a própria casa. A economia pode ser da ordem de 40%, desde que a obra seja bem administrada. É uma questão de escolha, pois é preciso ter tempo e paciência para planejar, acompanhar, estudar preços de material e cobrar desempenho dos empreiteiros. Se tempo e paciência não forem recursos abundantemente disponíveis, o barato pode sair bem mais caro.

• *Investindo na economia doméstica*

Segundo o Dieese[7], a família média brasileira gasta cerca de 24% de sua renda com habitação e mais 6% com serviços públicos (água, luz e telefone). Quase um terço da renda familiar!

---

7. Departamento Intersindical de Estatística e Estudos Sócio-Econômicos. Mais informações na internet em www.dieese.org.br

Por isso é importante que, ao comprar eletrodomésticos, não se esqueçam de verificar o selo Procel[8], uma espécie de certificação para as indústrias que produzem equipamentos elétricos que cumprem todas as normas de funcionamento e economizam energia. O selo indica o consumo mensal de energia para cada aparelho, que varia muito dentro da mesma categoria de eletrodomésticos.

Cuidado com as escolhas baseadas no preço menor. Equipamentos mais baratos em geral consomem muito mais energia. A diferença no preço de compra de uma geladeira ou freezer, por exemplo, pode ser recuperada em poucos meses de consumo mais baixo de energia.

Outra sugestão para antes da mudança é a substituição de aquecedores elétricos – grandes vilões do consumo de energia – por aquecedores a gás. Em regiões de menor incidência de chuvas, os aquecedores solares também são um excelente investimento. A longo prazo, é economia certa, principalmente se a família aumentar.

Cuidado também ao escolher a localização da casa ou do apartamento. Em situações em que há várias unidades, como em condomínios, a opção por aquelas com preço um pouco mais baixo pode resultar em elevados gastos com compra e consumo de aquecedores ou equipamentos de ar-condicionado, devido à localização desfavorável do imóvel.

---

8. Programa Nacional de Conservação de Energia Elétrica. Mais informações na internet em www.eletrobras.gov.br/EM_Programas_Procel/procel.asp

Capítulo 4. As finanças dos recém-casados

• *Vida a dois: até que ponto juntar tudo*

Um casamento somente dá certo quando seu verdadeiro sentido é o da união. O discurso diz que particularidades e individualidades devem ser respeitadas. A prática mostra que, na verdade, elas são *toleradas*, e há uma expectativa recíproca de que, ao longo do relacionamento, cada um acabe cedendo um pouco de sua individualidade e as afinidades se reforcem. Se isso não acontecer, os conflitos certamente surgirão.

O mesmo vale para as finanças do relacionamento. Elas serão saudáveis se for praticado o sentido de união e vocês administrarem a renda familiar em conjunto. Com o casamento, passam a ser dois salários, duas cabeças pensando, duas formas diferentes de lidar com o dinheiro. Imaginem a dificuldade se cada um tiver os próprios objetivos financeiros, trabalhar com um orçamento diferente e decidir como investir seu dinheiro. **Planos comuns jamais serão construídos de modo eficiente se tudo no relacionamento for dividido. Perde-se em eficiência, em organização e em resultados!**

Se ambos já tinham um planejamento financeiro individual antes da união, a transição para o planejamento conjunto deve levar em conta os seguintes passos:

- Vocês devem definir qual dos dois orçamentos está mais organizado e prático para a gestão das contas dos dois e adotar esse modelo de plano.
- Do modelo a ser descartado, devem verificar quais informações podem ser aproveitadas e agregadas ao plano comum, somando então todos os gastos em uma única planilha de orçamento doméstico.

- As contas bancárias devem ser agrupadas aos poucos, para que vocês tenham tempo de se organizar na nova situação. Lembrem-se de que muitas mudanças simultâneas geram pilhas de documentos e contratos novos. Primeiro façam a documentação da conta conjunta, preferencialmente adicionando um dos dois a uma das contas existentes, para não perder o histórico de relacionamento com o banco. Então, agrupem os investimentos e depois os cadastros de débito automático de contas. Transfiram o dinheiro do salário para a nova conta e, somente após se certificarem de que tudo está funcionando como previsto, encerrem a conta-corrente a ser descartada.
- Preferencialmente, os cartões de crédito também devem ser unificados, para que vocês possam pagar uma anuidade menor e aproveitar melhor os programas de milhagem e vantagens oferecidos. Cancelem o cartão cujo histórico de gastos seja menos relevante.

Contas bancárias separadas: são válidas no caso em que ambos trabalham e se vêem obrigados a receber o ordenado por bancos diferentes. Mas ao menos os investimentos têm de ser concentrados, pois os fundos de investimento mais rentáveis só estão disponíveis para clientes com maiores quantias para aplicar. Além disso, ao manter contas separadas pagam-se tarifas bancárias em dobro.

É razoável abrir mais de uma conta-corrente quando há preocupação com a segurança. Com o elevado número de seqüestros-relâmpago nas grandes cidades brasileiras, vem se tornando hábito comum das famílias manter duas contas-correntes no mesmo banco. Numa ficam todos os investimentos e recursos não usados no dia-a-dia. Na outra, apenas recursos suficientes para saques diários ou para "atender" a eventuais abordagens criminosas. O cartão da conta principal jamais deve sair de casa.

Negociem com o gerente a isenção de tarifa para essa segunda conta, com base no bom relacionamento da conta principal.

Alguns casais justificam a manutenção de contas separadas porque um dos dois é muito mais organizado que o outro. Isso ocorre em situações em que, por exemplo, um seja do tipo financista e o outro do tipo desligado. Tal justificativa apenas contribui para o adiamento das conquistas financeiras. Se o problema é a desorganização do parceiro, o mais competente nesse quesito deve assumir a administração da conta-conjunta, inclusive propondo limites para o uso do dinheiro. O trabalho não será muito maior que o de administrar uma conta individual.

Rose e Tadeu sempre procuraram manter suas finanças organizadas. Ela, muito disciplinada e metódica, anota tudo, compara os gastos do mês atual com os do anterior, conversa com Tadeu sobre limites e cortes de gastos para não estourar o orçamento e até decide com o gerente do banco em que investimentos aplicar. Lembro-me sempre da Rose porque ela é a única pessoa que conheço que, no canhoto do cheque, preenche os campos "saldo anterior" e "saldo atual". Porém, há algum tempo conversávamos sobre uma dificuldade do casal: enquanto ela era extremamente rigorosa com seus controles, Tadeu era o oposto – não tinha controle nenhum. Todo mês, eles se desentendiam porque Tadeu emitia vários cheques e deixava os canhotos em branco. Rose emitia um cheque achando que tinha saldo e... conta negativa! Após duas ou três brigas mais sérias, foi Rose quem assumiu as rédeas. Propôs a Tadeu que ele andasse com apenas uma folha de cheque na carteira. Quando quisesse outra, ele lhe passaria os dados do último cheque gasto. Aí foi Tadeu quem não gostou! O problema foi resolvido com o surgimento do dinheiro eletrônico. Hoje, eles não usam mais cheques. Tudo é comprado no cartão de crédito ou no cheque eletrônico, e Rose controla diariamente via internet o movimento da conta conjunta dos dois.

• *Regimes de casamento civil*

O regime de casamento civil mais comum na sociedade brasileira é o da comunhão parcial de bens, em que o casal compartilha tudo o que foi conquistado após o casamento. Em caso de separação, os bens possuídos anteriormente não são divididos, mas tudo o que foi obtido junto é partilhado igualmente. Nada mais justo.

Os demais regimes de casamento são eficientes em condições muito específicas. A comunhão universal de bens é um regime justo para noivos cujas famílias possuem condições e patrimônio semelhantes. Bens anteriores ao casamento e heranças são comuns aos dois, sendo divididos igualmente em caso de divórcio. E a separação total de bens é sugerida em situações em que um dos noivos tem um patrimônio e uma renda muito superiores aos do outro e cada um possui certa independência financeira – como no caso de artistas e profissionais de grande projeção. É coerente que as finanças de cada um sejam mantidas separadas. Como em toda situação em que há uma parte financeiramente favorecida, é elegante que a sugestão por esse regime de casamento parta do "mais fraco", no caso quem tiver menor renda e patrimônio. Esperar que parta do outro é criar oportunidades para um desconfortável clima de desconfiança, o grande problema das discussões sobre dinheiro em família.

O caminho a seguir, então, é aquele que traduz na essência o sentido do casamento – unir e compartilhar. Vocês começarão com o pé direito se, desde o começo, ambos:

- Construírem sonhos e planos comuns.
- Elaborarem e respeitarem um orçamento familiar.
- Forem disciplinados em relação aos investimentos familiares.
- Mantiverem as contas em dia.
- Celebrarem a conquista de metas financeiras.

• *Início do planejamento financeiro*

Algumas pessoas pensam que o planejamento financeiro – que também chamo de projeto de independência financeira – requer a ajuda de especialistas com elaboradas ferramentas de análise e capacidade de prever o futuro. Essa é uma ficção decorrente da dificuldade que muitos têm em lidar com números e tabelas, pois a educação financeira infelizmente ainda não é uma realidade nas escolas brasileiras em todos os níveis.

Na verdade, a tecnologia empregada em um planejamento dessa natureza utiliza nada mais que ferramentas de matemática financeira básica, com conceitos e formulações compatíveis com a matemática estudada no ensino médio. Se aquilo que se ensina nas escolas fosse exemplificado com casos cotidianos das famílias, é provável que grande parte dos brasileiros ingressasse em seu primeiro emprego com planos de independência financeira ao menos esboçados. Esse é um pequeno passo a ser dado para construirmos um Brasil mais rico.

Quero dedicar este capítulo a provar dois fatos:

1) Qualquer casal pode fazer o próprio planejamento financeiro se dedicar alguns minutos por semana ao seu futuro.
2) O planejamento financeiro familiar não pode ser complicado. Após dedicar algumas poucas horas a sua elaboração, basta fazer pequenos ajustes periódicos (talvez, semestralmente) nas metas para orientar a vida para o caminho da prosperidade. Tais ajustes seriam decorrentes de mudanças nos salários, na rentabilidade dos investimentos, na inflação e nos objetivos do plano. Se o controle financeiro familiar for difícil demais e lhes tomar muito tempo, vocês tenderão a abandoná-lo para aproveitar melhor os momentos de lazer.

É notório o fato de que, para enriquecer, é preciso aprender a gastar. Sua riqueza não depende do que vocês ganham, mas sim de como gastam. Se, com uma renda baixa, vocês conseguirem construir com dignidade um padrão de vida saudável e feliz, conscientes de que poderão mantê-lo no futuro, estarão em situação bem melhor que executivos que ganham rios de dinheiro mas gastam tudo para manter um nível de vida elevado e ficam à beira de um enfarte quando têm o emprego ameaçado.

Alguns pontos são essenciais no planejamento financeiro:

- Controle de gastos.
- Estabelecimento de metas.
- Disciplina com investimentos.
- Ajustes referentes a inflação e mudanças na renda.
- Administração do que se conquistou.

Abordarei a seguir, em detalhes, cada um dos passos para que vocês tenham as finanças organizadas e saudáveis, além de propor algumas interpretações racionais para decisões tipicamente emocionais.

• *Orçamento: dá pra cortar?*

O primeiro passo para poupar é fazer sobrar dinheiro. Tenham certeza de que boa parte dos motivos para o fato de não sobrarem recursos para poupar não está nos grandes gastos do orçamento. Está nos pequenos, aqueles que fogem ao controle. Todos sabem quanto ganham e quanto pagam de aluguel, prestações, escola, transporte, supermercado. Mas muitos se assustam no fim do mês, quando as contas entram no vermelho, porque os pequenos gastos diários com padaria, feira, presentes, banca de jornal e outros somam-se e criam um rombo no orçamento.

Passar a controlar esses gastos requer intensa disciplina durante um curto período de tempo, até que comecemos a prestar mais atenção neles. Minha sugestão: ponham no papel todos os gastos que vocês tiverem durante um mês. Sejam rigorosos, andem com uma folha de papel na carteira e anotem TUDO, das caixinhas dadas ao "flanelinha" à moeda perdida no ônibus.

No final do mês, montem uma planilha – pode ser no computador, na agenda ou mesmo em um caderninho – com a relação de todos os tipos de gastos mensais. Percebam como é impressionante a soma dos valores que não relacionaríamos em nosso orçamento. Quando tiverem a relação de todos os gastos, vejam se não esqueceram de anotar as seguintes contas:

Aluguel/prestação da casa	*Telefone fixo*	*Tarifas bancárias*
Condomínio	*Telefone celular*	*Plano de previdência*
Escola	*Internet*	*Tít. de capitalização*
Plano de saúde	*TV a cabo*	*Revistas e jornais*
INSS (autônomos)	*Refeições*	*Loterias*
Combustível/ônibus	*Supermercado*	*Caixinhas/gorjetas*
*IPTU + taxas municipais**	*Padaria*	*Presentes*
*IPVA + seguro obrigatório**	*Feira*	*Extras diários*
Impostos	*Lavanderia*	*Reservas***
Contribuição sindical	*Despesas médicas*	*– Troca de carro*
*Seguros**	*Remédios/farmácia*	*– Férias*
Pensões e dízimos	*Vestuário*	*– Celebrações*
Faxineira/empregada	*Diversão/lazer*	*– Educação*
Energia	*Estética e higiene*	
Água	*Academia de ginástica*	
Gás	*Mensalidade de clube*	

* Alguns gastos podem, optativamente, ocorrer de uma única vez ou ser parcelados por vários meses, como IPTU, IPVA e seguros. Em geral, os juros não compensam. Optem pelo parcelamento apenas se vocês não tiverem reservas para o pagamento à

vista ou se o dinheiro estiver aplicado em investimentos com rentabilidade sensivelmente superior aos juros cobrados na época da escolha – pelo menos 0,25% ao mês acima dos juros.

** A constituição de reservas para aquisição ou troca de bens não é ainda um hábito muito difundido, mas é importante para o desempenho melhor de seu dinheiro mesmo que não se saiba ao certo quanto poupar nem por quanto tempo – na pior das hipóteses, dividam o valor do bem pelo número de meses que desejam poupar. Os recursos para uma finalidade específica podem ser investidos separadamente em um fundo que escolherem somente para esse objetivo. Uma boa alternativa é aplicar no mesmo fundo em que vocês investem para o futuro, acompanhando em um caderninho ou uma planilha que parte desses recursos deverá estar disponível para o gasto desejado. Lembrem-se: quanto maior o dinheiro reunido, melhores serão as alternativas de investimento.

Com a planilha feita, discutam (juntos) o que está em excesso e decidam o que pode ser cortado. Se, aparentemente, não há o que cortar, estabeleçam metas para a redução de gastos. Alguns não podem ser cortados, mas certamente há "gordurinhas" nos gastos com supermercado, feira, energia ou água. As economias serão pequenas, mas a soma dessas pequenas economias pode concretizar seu plano de independência financeira. Mais adiante, na seção "Onde economizar?", apresento algumas sugestões para a redução de gastos no orçamento que nem sempre são óbvias.

Imponham limites a cada categoria de gastos e sigam esses limites com precisão. Incluam em sua planilha a meta mensal de investimentos, não importa se vocês optarem por um valor mensal ou por um percentual do salário. E paguem-se primeiro, isto é, poupem o valor mensal previsto assim que receberem o salário! Os investimentos passarão a ser a prioridade número 1. Todas as demais contas devem adequar-se ao projeto de independência financeira do casal. O aluguel aumentou com a inflação? É hora de apertar os cintos, e não de comprometer o plano traçado. Será melhor sofrer alguns poucos meses até o dissídio ou o décimo terceiro salário que padecer durante toda a velhice com privações.

A crise dos sete anos

Talvez uma das maiores lições que recebi de amigos experientes antes de meu casamento tenha sido sobre a crise dos sete anos. Nunca me apeguei muito a números cabalísticos, mas achei curioso o fato de muitas pessoas afirmarem que, após sete anos de casamento, as coisas "azedam". "A crise dos sete anos é inevitável", afirmam muitos casais.

Senti um grande alívio quando um casal de amigos com vários anos de casamento muito feliz nos explicou, a mim e à Adriana, de forma bem-humorada, os motivos para a ocorrência da crise. Segundo eles, ao longo do tempo muitos dos detalhes charmosos do lar do casal se desfazem.

No começo, tudo é novo e reluzente: enxoval, faqueiro lustroso, copos de cristal para servir as visitas, todos os eletrodomésticos em perfeito funcionamento.

Depois de cerca de sete anos de uso, muitos jogos de copos já estão incompletos, os talheres opacos, o enxoval com aparência de usado. Muitos eletrodomésticos deixaram de funcionar, e a rotina do casal passa a incluir a visita de técnicos que cobram os olhos da cara por serviços malfeitos. Muitas lâmpadas da casa se queimam, e os insistentes pedidos para que o "maridão" as troque soam como implicância. As paredes precisam de pintura, mas dá para continuar vivendo assim. As portas rangem, os ralos estão entupidos, o filtro de água está com defeito, enfim, um sem-número de problemas transformam o outrora "ninho de amor" em um cafofo caindo aos pedaços.

Esses problemas não são notados, pois vão ocorrendo aos pouquinhos ao longo do tempo. Por volta dos sete anos, parece que o charme e o romantismo acabaram, mas a grande verdade é que foi o dinheiro que encurtou. O bom é que a crise dos sete anos pode ser evitada. Não é grande trabalho, mas envolve alguma disciplina, mais uma vez com os olhos no futuro. O casal deve incluir em seu orçamento recursos para formar uma poupança destinada a "renovar a casa" de tempos em tempos. Alguns optam por renovar tudo de uma vez após sete ou oito anos de casamento. Ótimo! É como casar de novo, renovar sonhos, curtir a emoção de ter novidades na vida. O caminho a ser evitado é justamente o da acomodação. Não existe o "estamos bem assim". A vida depende de renovação!

• *Estabelecendo metas*

Quando vocês se propõem organizar e controlar com mais carinho sua vida financeira, o objetivo principal certamente é viabilizar a conquista de sonhos. Se tiverem sucesso nessa proposta, seguramente conquistarão o objetivo secundário de não sofrer com dificuldades financeiras.

Os sonhos a que me refiro não são somente os de segurança e independência financeira, talvez a grande meta que muitos não cuidam de ter. Existem metas intermediárias que, independentemente de ser estipuladas a dois ou não, custarão muito mais caro se forem financiadas por bancos ou financeiras, e não com os próprios recursos.

Se, por exemplo, o sonho de vocês é comprar um carro, vejam qual é a melhor opção de pagamento:

- Se, para a compra do carro, vocês resolvessem poupar R$ 300,00 por mês em uma aplicação que rende 0,6% líquido mensal, acumulariam em cinco anos R$ 21.589,42. A soma dos depósitos nesses sessenta meses seria de R$ 18.000,00, mas os juros do banco teriam trabalhado para vocês e viabilizariam a compra de um automóvel melhor.

- Se vocês, porém, optassem por comprar hoje um automóvel de R$ 21.589,42, financiado em sessenta meses a juros de 0,6% ao mês, pagariam sessenta prestações de R$ 429,54! Em vez de os juros trabalharem para vocês, a situação se inverteria: vocês estariam trabalhando – e muito – para pagar os juros compostos. Os desembolsos totais no período seriam de R$ 25.772,40, cerca de 43% a mais do que os R$ 18.000,00 da opção anterior.

Portanto, se nossos sonhos de consumo podem nos custar muito menos, temos de estabelecer com antecedência nossas metas para poder concretizá-las. Isso vale para aquisições de carros e propriedades, cursos, educação dos filhos, viagens, celebrações em família, nova decoração da casa, presentes e outros tantos sonhos cujos custos não cabem no orçamento do mês. A situação presente da economia brasileira, mais estável, já nos permite planejar o futuro, por isso temos de aproveitar essa conquista.

Para ajudá-los a estimar o valor mensal a poupar para cada uma de suas metas, desenvolvi a tabela da página seguinte, que mostra quanto poupar por mês, a diferentes taxas de juros, para formar uma massa de recursos de R$ 1.000,00.

Suponhamos que vocês queiram economizar durante quatro anos para fazer uma viagem que custe R$ 10.000,00. Com juros líquidos de 0,65% ao mês, pela tabela, teriam de acrescentar R$ 17,82 ao mês em sua aplicação para formar R$ 1.000,00 daqui a quatro anos. Como sua meta é de dez vezes esse valor, terão de poupar dez vezes mais, ou seja, R$ 178,20 ao mês. Caso queiram antecipar a viagem em um ano, a poupança mensal sobe para R$ 247,40, conforme se observa pelo valor situado imediatamente à esquerda na tabela.

Percebam que não é difícil. Conversem sobre suas metas a dois e também sobre as metas individuais, analisem seu orçamento para adequá-lo à necessidade de fazer reservas para essas metas. Escrevam suas metas,

Prazo em anos	1	2	3	4	5	10	15	20
Taxa de juros/mês								
0,30%	81,97	40,25	26,35	19,40	15,24	6,94	4,20	2,85
0,35%	81,74	40,01	26,11	19,17	15,01	6,72	4,00	2,67
0,40%	81,52	39,78	25,88	18,94	14,78	6,51	3,80	2,49
0,45%	81,29	39,55	25,65	18,71	14,56	6,30	3,62	2,32
0,50%	81,07	39,32	25,42	18,49	14,33	6,10	3,44	2,16
0,55%	80,84	39,09	25,19	18,26	14,11	5,91	3,27	2,01
0,60%	80,62	38,86	24,97	18,04	13,90	5,71	3,10	1,87
0,65%	80,40	38,64	24,74	17,82	13,68	5,53	2,94	1,74
0,70%	80,17	38,41	24,52	17,60	13,47	5,35	2,79	1,62
0,75%	79,95	38,18	24,30	17,39	13,26	5,17	2,64	1,50
0,80%	79,73	37,96	24,08	17,17	13,05	4,99	2,50	1,39
0,85%	79,51	37,74	23,86	16,96	12,85	4,83	2,37	1,28
0,90%	79,29	37,52	23,64	16,75	12,64	4,66	2,24	1,19
0,95%	79,07	37,29	23,43	16,54	12,44	4,50	2,12	1,10
1,00%	78,85	37,07	23,21	16,33	12,24	4,35	2,00	1,01

assinem e datem. Essa atitude vai ajudar a firmar em seu pensamento que vocês realmente se comprometeram a alcançar suas metas. É também aconselhável colocar essas anotações em local em que possam vê-las diariamente, como motivação adicional para continuar com o objetivo mesmo quando surgirem as tentações inevitáveis de desistência.

O estabelecimento de compromissos por escrito ajuda a evitar as compras por impulso. A partir de seu casamento, Márcia e Mílton começaram a *poupar cerca de 25% de sua renda com o objetivo de conquistar a independência financeira. A meta que ambos concordaram em assumir por escrito era de formar uma poupança equivalente a R$ 800.000,00 atuais até que Mílton completasse 45 anos, para então viver com a garantia da renda da poupança formada ou abrir um negócio próprio.*

Em duas oportunidades eles quase caíram na tentação de desistir de seu objetivo. A primeira foi quando veio ao mundo a princesinha da família, Mariana. Na época, tinham o equivalente a R$ 80.000,00, faltando exatamente dez anos para expirar o prazo proposto em seu compromisso. Eles não conseguiriam mais poupar 25% da renda, mas apenas 16%. Refazendo os cálculos, o casal notou que precisaria ser um pouco mais seletivo em seus investimentos, pois seria necessário obter rendimentos médios de 0,7% ao mês líquidos para alcançar o objetivo. Até então, conseguiam obter apenas 0,55%. Mílton propôs retirar R$ 2.000,00 da poupança para ambos se inscreverem em um curso de finanças pessoais e investimentos.

Aplicaram tão bem seu conhecimento que recentemente, ao completar 42 anos, Mílton fazia comentários sobre o bem-estar de terem acumulado R$ 750.000,00. Conseguiriam formar os R$ 800.000,00 em mais seis meses, dois anos e meio antes do prazo. Mesmo assim, ele me falava da importância de ter a meta por escrito, pois há dois anos pensaram novamente em desistir de seu objetivo, desta vez ao receber uma proposta de compra de um sitiozinho maravilhoso de um colega de trabalho. Eles tinham dinheiro para comprar à vista, mas o "contrato" os fez resistir à tentação e seguir com seu plano. Hoje poupam 18% do que ganham – 13% vão para a poupança do sítio e 5% para o projeto de independência financeira. Ambas as metas serão conquistadas até os 45 anos de Mílton.

• *Independência financeira: o futuro garantido*

Um dos momentos críticos da vida profissional é aquele em que se começa a sentir sinais de esgotamento em relação à carreira. Muitos conquistam a renda desejada abrindo mão da satisfação pessoal e passam anos trabalhando assim. O salário é uma boa indenização, afinal. Mas a idade avança, o pique não é o mesmo, e tudo que esses profissionais queriam na vida seria poder "reduzir o ritmo".

Certamente vocês já ouviram comentários desse tipo. O drama é que a grande maioria das pessoas não pode se dar a tal luxo, pois são escravas de sua renda. Se pararem de trabalhar ou sofrerem redução de salário em uma eventual mudança de emprego, não conseguirão manter o padrão de vida. E a sonhada aposentadoria passa a ser adiada cada vez mais. A insatisfação faz a saúde deteriorar-se rapidamente. Muitos chefes de família perdem a vida por não agüentar esse sofrimento.

Felizmente, é possível mudar o quadro. Se vocês decidirem não contar mais com a sorte e encarar a possibilidade de enriquecer por escolha, de forma planejada, poderão ter um futuro muito mais próspero em todas as fases da vida. Nem todos os problemas podem ser prevenidos ou evitados, mas vocês podem, hoje, escolher pelo menos não ter dificuldades financeiras, que muitas vezes desencadeiam outros tipos de problema.

A sensação de riqueza se mede pelo estado de espírito, e não pela conta bancária. É rico quem tem uma vida feliz, saúde para vivê-la e também uma renda garantida para manter essa felicidade conquistada ao longo da existência. E a felicidade se constrói com escolhas – inclusive do padrão de consumo que se deseja ter.

A riqueza com abundância financeira é algo que pode ser construído com um plano de objetivos. A fórmula da abundância financeira é simples:

Gastem menos do que vocês ganham e invistam a diferença. Depois reinvistam seus retornos até atingir uma massa crítica de capital que gere a renda que desejam para o resto da vida.

A matemática também é simples. Se vocês vivem com R$ 3.000,00 por mês e planejam manter-se com essa renda pelo resto da vida[9], precisam criar uma fonte de recursos que gere os R$ 3.000,00 mensais indefinidamente. Essa renda pode ser obtida abrindo um negócio próprio, contratada através de um bom plano de previdência privada, sem riscos, ou proporcionada por aplicações financeiras após a formação de uma massa crítica.

O cálculo da massa crítica necessária não é complicado. Em primeiro lugar, vocês devem estimar o rendimento que seria obtido em uma aplicação financeira segura. No Brasil de hoje (e, provavelmente, dos próximos anos), as aplicações financeiras mais seguras, como CDBs e fundos de renda fixa, rendem cerca de 0,6% líquido ao mês[10], já descontados o imposto de renda e a inflação. Basta dividir a renda desejada pela taxa de juros obtida e terão a meta desejada de massa crítica. No exemplo:

$$\frac{\text{R\$ } 3.000{,}00}{0{,}006} = \text{R\$ } 500.000{,}00$$

Percebam que 0,6% de R$ 500.000,00 é igual a R$ 3.000,00. Como estamos descontando a inflação, sempre teremos o valor da poupança atualizado, que vai gerar uma renda equivalente a R$ 3.000,00.

Entendam esse raciocínio pelo seguinte exemplo:

1) R$ 500.000,00, aplicados em um fundo balanceado conservador, renderam 1,1% de juros durante o mês, já descontados o imposto

9. Sem contar com o INSS, prêmios, seguros e heranças. Sugiro que esses fatores não sejam levados em conta em seu plano. Inclua-os quando realmente caírem em suas mãos.
10. 0,6% = 0,6 ÷ 100 = 0,006

de renda e a taxa de administração do banco[11]. Esse rendimento foi então de R$ 5.500,00.

2) A inflação apurada no mês foi de 0,5%[12]. Essa inflação deve ser deduzida dos rendimentos de 1,1%. Sobra, então, 0,6%, que gerou R$ 3.000,00 durante o mês. Esse é o dinheiro necessário para pagar as contas da família no último mês, orçadas em R$ 3.000,00. Considerei que a inflação gerará efeitos apenas nas contas do mês seguinte, como acontece quando se usa cartão de crédito racionalmente.
3) No mês seguinte, a família precisará de mais dinheiro para pagar as contas, pois a inflação de 0,5% faz com que seus gastos cresçam para R$ 3.015,00.
4) Como, dos R$ 5.500,00 de renda, foram sacados apenas R$ 3.000,00, sobraram R$ 2.500,00 a mais na aplicação, elevando o saldo no final do mês para R$ 502.500,00.
5) Se o fundo mantiver o desempenho e a inflação continuar no mesmo patamar, os R$ 502.500,00 gerarão R$ 5.527,50 de juros (1,1%), dos quais R$ 3.015,00 serão renda líquida (0,6%) e os R$ 2.512,50 restantes serão a parcela equivalente à inflação (0,5%).

---

11. Quando vocês acompanham o desempenho de suas aplicações no extrato do banco, a taxa de administração já vem descontada. Os fundos de renda fixa mais eficientes chegam a cobrar menos de 1% ao ano. Taxas superiores a 2% ao ano justificam-se apenas em fundos de renda variável, que exigem trabalho mais intenso de seus gestores.

12. Sugere-se que o indicador de inflação utilizado seja a própria variação dos gastos regulares da família (aqueles que ocorrem todos os meses). Por exemplo: se no mês 1 a família gastou R$ 800,00 e no mês 2 os gastos subiram para R$ 816,00 a inflação foi de 2% (816 ÷ 800 -1). Com esse raciocínio, haverá meses com inflação significativa, mas vários outros com inflação igual a zero.

6) Se apenas os R$ 3.015,00 forem sacados e o raciocínio se mantiver, a renda jamais acabará, estará preservada inclusive perante os efeitos da inflação.

Quinhentos mil é muito dinheiro? Não se vocês tomarem as decisões financeiras corretas ao longo da vida. Pensem no exemplo da venda da casa própria de R$ 100.000,00[13].

Aqueles que optarem pelo aluguel de R$ 800,00 e deixarem crescer os R$ 100.000,00 em um fundo que renda 0,6% líquido ao mês terão os R$ 500.000,00 em 22 anos e meio.

Muito tempo? Se, além de investir os R$ 100.000,00, puserem em prática o plano de poupar os R$ 301,09 do exemplo do aluguel[14], terão os R$ 500.000,00 em dezoito anos.

Se melhorarem a estratégia e conseguirem juros médios líquidos de 0,7% ao mês (8,73% ao ano), esse prazo cairá para dezesseis anos. Sem mágica e sem contar com a sorte, é a matemática das finanças[15].

Não é um belo projeto de vida? A economia brasileira oferece ao investidor a oportunidade de tirar proveito dos juros elevados, desde que tome o cuidado de corrigir os valores pela inflação. Em muitos países desenvolvidos, os investimentos não remuneram mais que 3% ao ano, enquanto no Brasil obtemos facilmente 8% após o desconto da inflação. Alguns preferem investir suas economias em empreendimentos próprios que rendem mais, e isso é ótimo! Mas, para formar recursos suficientes para abrir o próprio negócio, é preciso primeiro acumular, e os fantásticos juros dos investimentos no nosso país encurtam bastante os prazos de acumulação.

---

13. Demonstrado na página 56.
14. Demonstrado na página 57.
15. No capítulo 7 apresento diferentes estratégias para conseguir a poupança desejada.

Recapitulando: o primeiro passo para a independência financeira é gastar menos do que se ganha, controlando o orçamento doméstico. A seguir, traçar um plano que defina quanto poupar por mês, e durante quanto tempo, para chegar à renda que vocês pretendem ter na aposentadoria. Se, além disso, conseguirem fazer sobrar mais do que precisavam para cumprir as metas do plano, no final do mês haverá dinheiro sobrando na conta.

É correto investir essa sobra de recursos na antecipação da aposentadoria? Minha resposta é NÃO. Se, de vez em quando, sobram recursos em conta-corrente – por exemplo, ao receber o décimo terceiro salário –, não é pecado aproveitar esse bom momento e se dar o direito de alguns luxos: curtir umas férias, investir em um novo *hobby*, gastar em um jantar romântico, criar uma nova poupança para a troca do carro, comprar um eletrodoméstico, renovar o guarda-roupa, fazer um tratamento de beleza e assim por diante. Vocês decidem, é sua opção de luxo.

É dessas oportunidades que vem a verdadeira sensação de bem-estar financeiro. Consumir sem culpa. Recarregar as pilhas. Ser feliz. Afinal, seu futuro estará protegido!

• *Livrando-se das pedras no caminho*

"O discurso é muito bonito, mas como pouparemos e aproveitaremos os luxos da vida se estamos devendo para todo mundo?"

Se vocês estão com o saldo negativo no banco, a culpa é das decisões erradas que tomaram nos últimos meses, talvez anos: entrar em um financiamento de casa ou apartamento de padrão superior ao que a renda comportaria com folga, comprar com financiamento e não controlar as contas do mês, descuidar-se do saldo bancário e entrar no cheque especial, comprar um presente caro em um momento inadequado para o bolso...

Tomamos decisões todos os dias. Discutam suas últimas decisões, mas não transformem essa discussão no foco do problema. Não adianta chorar o leite derramado. Gastem as energias para resolver o problema, mas prometam um ao outro pensar duas vezes antes de repetir o erro no futuro.

É preciso declarar guerra às dívidas. Vocês devem fazer todos os esforços para pagar as dívidas no menor prazo possível. Pagar aos poucos não adianta, pois isso é como cavar um buraco na areia da praia. A gente cava e cava, então vem o mar e enche o buraco de água e areia novamente. Se não quitarem as dívidas de uma vez, em poucos meses os juros vão repor o que vocês pagaram.

Então, mãos à obra. Cortem drasticamente os gastos. Economizem energia, água e gás. Comprem mais tarde na feira, cortem os supérfluos no supermercado, proíbam a si mesmos de gastar com lazer e vestuário. Economizem gasolina: quem tem carro que ande de ônibus. Proponham-se realmente fazer sobrar dinheiro. Usem todos os tipos de poupança que vocês têm. De nada adianta não mexer nos investimentos e perder mais com os juros da dívida. O mesmo vale para bens como terrenos e imóveis à espera de valorização. Vendam o que foi comprado além da conta e não está sendo usado. **Não há investimento bom para quem está atolado em dívidas.**

Mas não esqueçam: assim que as dívidas estiverem quitadas, ponham em prática seu plano de poupança e enriquecimento.

• *Onde economizar*

Não é difícil encontrar fontes de orientação sobre como gastar menos. Todos os grandes *sites* de notícias da internet têm colunas específicas de finanças pessoais. Jornais e *sites* da internet publicam periodicamente matérias e cartilhas com dicas de economia (eu sugiro que vocês recortem e guardem essas matérias em uma pasta de fácil acesso). Órgãos de defesa do consumidor publicam dezenas de cartilhas que mostram como gastar menos.

Muitas dicas são bastante óbvias, como apagar as luzes ao deixar algum local ou juntar roupas para lavar e passar de uma única vez. Mas, apesar de óbvias, poucos as seguem. Eis algumas dicas não tão comuns para economizar no orçamento doméstico:

Energia: muitas famílias substituíram os aquecedores e chuveiros elétricos por aquecedores a gás porque o gás é mais barato. Esses equipamentos, porém, geralmente são instalados longe dos banheiros, e isso obriga a esperar que saia toda a água fria que está no cano entre o aquecedor e o chuveiro. Em cada banho, são cerca de 5 litros de água, mais o consumo de gás, desperdiçados. Se a família se organizasse e todos tomassem banho em seqüência, não haveria tempo de a água esfriar. Para uma família de quatro pessoas, seria uma economia de 15 litros por dia, ou 450 litros de água por mês, mais o custo do gás.

Telefone: é comum a aquisição de planos familiares para reduzir o custo das ligações entre parentes. Mas a idéia de que as ligações de telefones celulares custam caro transforma em hábito o uso do telefone fixo para fazer todas as ligações quando se está em casa. É um erro. As ligações entre celulares da mesma operadora normalmente custam menos do que se fossem feitas entre um telefone fixo e um celular. Nesse caso, é mais vantajoso usar o celular mesmo quando se está em casa.

Compras em supermercado 1: alguns casais preferem percorrer distâncias maiores uma vez por mês para comprar em hipermercados da periferia. Cuidado com os estoques desnecessários. Ao comprar grandes quantidades para pagar menos, vocês podem estourar a conta e transformar a economia em juros do cheque especial. Sem dinheiro no banco e com a prateleira cheia! Além disso, precisarão de um *freezer* para guardar os produtos perecíveis, o que aumenta a conta de luz. É decisão muito mais sábia fazer compras com freqüência maior (semanal ou quinzenal), adquirindo apenas o necessário para os próximos dias. Aprendam a fazer a lista de compras e atenham-se a ela. Além de não deixar dinheiro parado na despensa, agindo assim vocês passam a conhecer melhor os preços dos produtos. Sejam racionais, boicotem produtos quando houver aumento de preço.

Compras em supermercado 2: é importante pesquisar folhetos de propaganda para comprar nos supermercados mais barateiros ou aproveitar as promoções. Toda a economia poderá ir água abaixo, porém, se vocês resolverem aproveitar as promoções de todos os supermercados: gastarão menos com as compras, mas perderão dinheiro no consumo de gasolina.

Liquidações e ofertas maliciosas: estamos rodeados de muito mais armadilhas do que o senso comum é capaz de perceber. Desconfiem de preços muito abaixo da média do mercado, que em geral escondem alimentos próximos da data de vencimento, móveis e objetos de decoração danificados, equipamentos ruins ou recondicionados. São freqüentes também os casos em que preços muito baixos significam mercadorias roubadas ou falsificadas. Esse tipo de economia pode custar muito caro.

Juros baixos ou inexistentes nos parcelamentos: não existem juros baixos para o financiamento do comércio. Em geral, quando um varejista oferece juros muito baixos para parcelamento, parte desses juros já está embutida no preço de venda à vista. Isso significa que vocês podem encontrar preços melhores na concorrência.

• *Manter dois carros ou apenas um?*

Infelizmente, a classe média da maioria das grandes cidades brasileiras tem o automóvel como principal meio de transporte. Esse quadro poderia ser bem diferente se houvesse maiores investimentos do governo no transporte público. De qualquer forma, a decisão de compra do automóvel ocorre mais cedo ou mais tarde em grande parte das famílias.

É preciso ter em mente que manter um automóvel custa muito caro. Em uma economia desprovida de grandes riquezas como a brasileira, posso afirmar com segurança que o automóvel, mesmo popular, é um verdadeiro bem de luxo da classe média. **Para manter um automóvel popular zero-quilômetro, é preciso gastar mais que o valor de outro automóvel a cada dois anos.** Vejam as seguintes estimativas de gastos anuais com um automóvel de R$ 20.000,00 e tirem suas conclusões:

Seguro anual (cerca de 8% do valor[16])	R$	1.600,00
IPVA (4% do valor em SP e RJ)	R$	800,00
Gasolina (para cerca de 1.500 km/mês[17])	R$	4.000,00
Estacionamento[18]	R$	1.200,00
Manutenção (óleo e reparos)	R$	1.000,00
Depreciação nos primeiros anos (12% em média)	R$	2.400,00
Total de gastos por ano	**R$**	**11.000,00**

16. Esse percentual pode ser maior ou menor, dependendo do modelo, do perfil do motorista e da região de circulação, ultrapassando os 10% do valor do carro em muitos casos.
17. Levando-se em conta o fato de que a família costuma viajar com o próprio automóvel.
18. Estimei os gastos com estacionamento em R$ 100,00 por mês. Quando esses gastos são maiores, há tendência de redução do valor do seguro, o que traz certa compensação.

Em outras palavras, cerca de R$ 917,00 por mês. Não considerei nessa soma o chamado "custo de oportunidade" – outros R$ 1.600,00 por ano –, que é a quantia que vocês deixariam de ganhar se os R$ 20.000,00 fossem aplicados anualmente a juros de 8%. Poucos fazem essas contas antes de comprar um automóvel, tampouco as incluem no orçamento mensal. Eis aí mais uma fonte de surpresas para o bolso! Percebam que manter um carro popular custa mais que um carro novo a cada dois anos! Se a estimativa for feita para modelos mais luxuosos, facilmente notarão que o bolso de vocês perderá um carro popular por ano.

Por isso, é preciso pensar duas vezes antes de decidir pela compra do segundo automóvel. Se, com táxi ou transporte público, uma pessoa gastar R$ 20,00 por dia, serão R$ 440,00 por mês (22 dias úteis), ou R$ 5.280,00 por ano. Parece muito dinheiro, mas isso significa apenas 48% do que ela gastaria com um automóvel – com a diferença de que ainda daria para alugar, com as sobras, um automóvel para as férias e fazer uma boa poupança.

Mas, se mesmo assim o segundo automóvel continua nos planos, é preciso tomar cuidado com a escolha. A opção por um automóvel envolve dois aspectos principais: *necessidade* e *status*. A necessidade será atendida pela escolha que leve em conta a melhor relação custo-benefício. Um casal em que um dos dois precisa de agilidade para levar o filho à escola antes de ir para o trabalho terá sua necessidade atendida ao comprar um carro popular e econômico. Uma família com mais de um filho que viaja em todos os fins de semana para a casa de praia ou de campo terá sua necessidade atendida ao comprar um sedã ou uma perua de três volumes com bom espaço para bagagem.

As mesmas decisões podem levar à compra de veículos diferentes se o *status* pesar na escolha. O casal pode optar por um automóvel zero-quilômetro mesmo sabendo que um modelo similar com um ano de uso custa 15% menos. A família que viaja pode escolher um modelo com diversas opções de conforto ou um modelo de luxo, pagando alguns milhares de reais a mais.

A questão do *status* não está ligada necessariamente ao valor de mercado do automóvel, e sim à identificação do modelo com o estilo de vida da pessoa. Um Fusquinha com trinta anos de uso pode não valer nada e ser uma grande fonte de gastos com manutenção. Por outro lado, será de valor inestimável se ainda estiver com todas as peças originais e em impecável estado de conservação. Um verdadeiro símbolo de *status*.

Independentemente da escolha, é importante notar que, se os recursos são escassos, deve-se abrir mão do *status*. Luxo só se compra quando há mais dinheiro disponível do que o necessário para as contas da família e para o plano de independência financeira. Em caso contrário, vocês descobrirão a dolorosa sensação de perda de *status* ao longo da vida.

Recentemente, um ex-colega de trabalho discutia comigo seus planos para trocar de carro. Rodrigo recebera um bônus de final de ano e comentava sua decisão de comprar uma perua zero-quilômetro. O valor era de R$ 50.000,00. Espantei-me com a escolha, pois até então ele dirigia um sedã médio nacional, muito fácil de manobrar mas já com quatro anos de uso, que valia menos da metade do preço do novo carro.

Quando perguntei por que queria uma perua, ele afirmou que era porque viajava muito. Cerca de três vezes por ano, ia de São Paulo ao interior de Minas Gerais ou a Florianópolis. Propus então uma simulação de valores. Se ele comprasse um sedã (não uma perua) do mesmo modelo e com pouco mais de um ano de uso, pagaria cerca de R$ 36.000,00. Para dirigir, a facilidade era a mesma. Se escolhido com alguma paciência e cuidado, a única diferença seria a falta do "cheirinho de novo" – e um desembolso de menos R$ 14.000,00.

E as viagens? O espaço para as bagagens não seria o mesmo! Entramos na internet e pesquisamos em locadoras o preço do aluguel de uma perua *igual à que ele gostaria de comprar: cerca de R$ 700,00 por quatro dias, com quilometragem livre e seguro incluídos, mais cerca de R$ 250,00 por dia adicional. E havia a vantagem de viajar sempre com um carro novinho em folha, sem necessidade de se preocupar com sua manutenção. Convenci Rodrigo da mudança e fui convidado a dividir com ele a próxima viagem!*

• *Quando comprar casa*

Ao apresentar a comparação entre comprar e alugar uma moradia, provei que, no aspecto financeiro, normalmente é mais vantajoso morar em um imóvel alugado. Muitos contestam essa opinião, alguns afirmam que casa própria oferece maior tranqüilidade, outros têm certeza de que proporciona maior segurança.

Acredito que, quanto à tranqüilidade, muitos se refiram ao inconveniente da correção de preços ou da dúvida em relação à vontade do proprietário de renovar o contrato de aluguel. Bobagem. Considerem esse trabalho extra como o preço – módico – do enriquecimento. Sugiro a meus amigos que moram em imóveis alugados que, periodicamente, visitem imobiliárias próximas para sondar oportunidades de aluguel mais barato ou alternativas à moradia atual. Tenham sempre uma carta na manga para manter o crescimento do dinheiro rumo a um futuro próspero.

Vejo a "instabilidade" da situação do aluguel como uma vantagem. Por isso, prefiro dar a essa situação o nome de "flexibilidade". Para aqueles que estão nos primeiros anos de carreira, ainda consolidando sua formação profissional e seu currículo, existem grandes chances de mudança de emprego. Em grandes cidades, morar próximo ao trabalho faz uma diferença enorme no orçamento. Mais: eu diria que, na cidade de São Paulo, onde vivo, morar próximo ao trabalho significa qualidade de vida. Quem muda de emprego e mora em casa própria tem uma grande encrenca a resolver: enfrentar a dor de cabeça de vender e comprar outra moradia ou aceitar o sacrifício de horas a mais no trânsito e muitos reais a mais com gasolina e manutenção? Quem vive em regime de aluguel não tem essa preocupação: basta esperar poucos meses pelo fim do contrato e mudar-se. O custo da mudança, se isso não ocorrer com muita freqüência, é tranqüilamente pago pela poupança viabilizada pela economia proporcionada pelo aluguel.

Outro argumento contra a moradia alugada é o da segurança: "Se eu perder o emprego, onde vou morar?" Para mim, esse é um argumento sem nexo. O que fazer em situação de desemprego se todo o seu dinheiro está empatado na casa? Pior ainda se vocês estiverem pagando prestações dessa casa e correrem o risco de perdê-la. Se escolherem o caminho do aluguel + poupança, terão uma reserva formada caso ocorra uma emergência!

A conclusão que quero levar a vocês não é a de que sempre se deve alugar e nunca comprar. Pelo contrário. A decisão de compra será melhor depois de atingida a estabilidade financeira, profissional e familiar ou quando surgirem oportunidades de real investimento e vocês tiverem recursos para aplicar em algo que multiplique seu capital. Mas será um mau negócio quando os recursos poupados forem insuficientes para comprar uma casa e manter o padrão de vida da família. Para que correr riscos se há alternativas mais baratas?

Capítulo 5. As finanças dos casais com filhos

A chegada dos filhos é a fase da vida em que o planejamento financeiro se torna imprescindível. Se nada a respeito disso vinha sendo feito até então, esse é o momento de iniciar, mesmo que seja um pouco tarde para atingir sonhos mais ambiciosos. Neste capítulo, trato dos benefícios do planejamento não apenas para conseguir pagar as contas no final do mês, mas também para garantir a capacidade de bancar gastos cuja freqüência e intensidade aumentam à medida que os filhos crescem. É preciso manter sempre em mente a necessidade de equilíbrio entre os gastos com bem-estar e a capacidade de manter esse bem-estar no futuro.

Casais que não cuidaram antecipadamente do encarecimento da formação dos filhos sentirão, lá na frente, uma pressão muito forte sobre o orçamento familiar. Eles correm o risco de ver os gastos com seu bem-estar serem substituídos pelos gastos com a educação dos filhos. Esse é um dos aspectos da chamada crise da meia-idade, o preço que se paga por não manter a vida em equilíbrio. O dinheiro está diretamente relacionado aos conflitos dessa fase. Dois caminhos opostos podem criar medos e conflitos da mesma natureza:

1) Casais que passam o tempo gastando tudo o que ganham e assumem padrões de vida acima do ideal percebem, nessa fase, o erro que cometeram. Com um padrão de vida que consome toda ou quase toda a renda, não há perspectivas de formar uma boa poupança daí em diante. É quando o casal começa a abrir mão de propriedades e bens para criar reservas. Com isso, o padrão de vida cai.
2) Casais excessivamente preocupados com o futuro, que poupam tudo o que podem para a aposentadoria, percebem nessa fase que

uma vida mal vivida faz com que a saúde para "curtir" a aposentadoria não seja a esperada. A mesquinharia excessiva tira o pique para viver momentos de prazer.

Nem oito nem oitenta. O desafio é encontrar ao longo do tempo o meio-termo, o nível de poupança ideal que viabilize uma vida saudável e bem vivida tanto na fase produtiva quanto na fase de retiro. Daí a importância não só de formar reservas para os gastos com a educação dos filhos mas também de investir em lazer, em momentos a dois, na convivência com os amigos. Invistam mais em vocês e em seu relacionamento. O futuro agradece!

• *A família aumentou: o que muda?*

A vinda do primeiro filho traz mudanças à vida do casal tão ou mais significativas do que o casamento. Muda completamente a responsabilidade dos pais em relação a sua vida profissional e familiar. Mudam também os gastos da família.

O tempo de lazer diminui muito. Na verdade, o lazer em si muda, os hábitos voltam-se muito mais para o lar. Naturalmente, os gastos com lazer são substituídos pelos gastos com os cuidados do bebê. Mas essa não é simplesmente uma questão de substituição de despesas. O lar recebe uma pessoa a mais para alimentar, vestir, abrigar. Os gastos com supermercado praticamente dobram, agora incluindo fraldas, produtos de higiene e alimentos especiais. Aumentam as despesas com vestuário, renovado com freqüência impressionante – sem contar os equipamentos de segurança, como carrinho de bebê e cadeirinha para o carro. É preciso acrescentar um novo plano de saúde ao orçamento. Para os pais que trabalham, há também a necessidade de contratação de uma babá. Quem não contrata uma babá tem ao menos de "presentear" os parentes que se dispõem a cuidar da criança.

É uma verdadeira revolução no orçamento. Se ele estava apertado, agora ficará mais. Se havia grandes folgas para investimentos e luxos, provavelmente essas folgas diminuirão bastante ou desaparecerão. Obviamente, os primeiros gastos a cortar são aqueles com luxo. Será possível abrir mão dos jantares a dois, das saídas com os amigos, das comprinhas extras para "satisfação pessoal"? Claro que sim! Com uma vida nova em casa, surgem inúmeras oportunidades de curtir momentos únicos, que não custam nada e ao mesmo tempo não têm preço.

A moeda mais valiosa dessa fase da vida é o *tempo*. Se vocês deixarem simplesmente passar esses momentos com a desculpa de ter muito trabalho (ou seja, estão correndo atrás do dinheiro), chegará o dia em que perceberão que dariam todo o dinheiro ganho na vida para voltar a tê-los.

É natural que a renda da família cresça ao longo dos anos, pois há uma evolução natural na carreira. Pessoas experientes são mais bem remuneradas, e esses incrementos de renda normalmente acompanham algumas grandes mudanças nos gastos da família. Uma gravidez bem planejada deve levar em consideração a conquista de algumas metas profissionais. Certamente o casal terá maiores dificuldades de organizar seu orçamento se surgir uma gravidez enquanto um dos dois estiver na faculdade ou cursando uma pós-graduação.

Felizmente, a sociedade aprendeu a reconhecer o diferencial das qualidades femininas nas diversas atividades profissionais. A maternidade tende a não ser mais vista como empecilho à contratação de mulheres para cargos de gestão.

Independentemente dos aumentos de renda, contudo, alguns ajustes precisarão ser feitos no orçamento familiar. Antes mesmo da vinda do bebê, esse orçamento já deve comportar uma poupança prévia para mobiliar o futuro quarto e comprar os produtos essenciais. A partir da chegada da nova vida, surgem gastos com os quais a família passará a conviver mensalmente, dos quais tratarei nos tópicos seguintes.

• *Poupança mensal: garantia de um futuro tranqüilo*

Acredito que a maior preocupação dos pais em relação aos filhos é conseguir proporcionar-lhes um futuro seguro e tranqüilo. O melhor caminho para atingir esse objetivo é garantir-lhes uma boa formação de caráter, intelectual e física. O restante vem automaticamente, é o que dizem.

Sou eternamente grato a meus pais quando olho para trás e vejo que ambos não mediram esforços para me proporcionar uma boa formação. Meu pai sempre procurou assegurar uma educação de boa qualidade, o que me permitiu estudar nas melhores faculdades do país. Minha mãe sempre me incentivou a me alimentar de forma saudável e me "forçou" a praticar esportes. Hoje tenho boa saúde e formação exemplar graças a eles.

Um dos maiores presentes que uma família pode dar a seus filhos é a garantia financeira de poder estudar ou abrir o próprio negócio. Que tal formar uma poupança para garantir a faculdade de seu filho? Provo pelo exemplo abaixo que esse é um caminho viável para qualquer família, desde que exista planejamento. Quanto antes se decidirem por esse caminho, mais fácil será para os pais atingir seu objetivo.

Uma boa faculdade custa centenas de reais por mês. Mas, se os pais resolverem investir R$ 50,00 todos os meses[19], começando na data de nascimento do filho, e obtiverem um rendimento líquido de 10% ao ano[20], haverá cerca de R$ 28.800,00 (atualizados pela inflação) na poupança do

---

19. Sempre corrigindo o valor pela inflação.

20. Quando usei esse exemplo no livro *DINHEIRO – Os Segredos de Quem Tem,* muitos leitores consideraram otimista a taxa líquida de 10% ao ano. Deve-se porém levar em consideração que, no Brasil, consegue-se facilmente um rendimento de 8% ao ano sem correr riscos investindo em renda fixa. Conseguir mais 2% ao ano não é difícil com uma análise criteriosa dos investimentos. Será mais fácil ainda à medida que a poupança total acumulada for aumentando e proporcionando o acesso a fundos melhores. Muitos pais optam pela caderneta de poupança e perdem muito com essa escolha, pois a rentabilidade real não chega sequer a 8% ao ano.

filho quando ele completar 18 anos, o suficiente para garantir os primeiros anos de faculdade. Se, a partir dos 18 anos, mais nenhuma contribuição for feita e o dinheiro não for retirado e continuar crescendo na mesma proporção, serão acumulados R$ 608.497,00 até que o filho complete 50 anos.

Não é fantástico? Um pouco de disciplina dos pais em relação ao dinheiro pode garantir com tranqüilidade a faculdade dos filhos. E dá para ir mais longe: se os pais fornecerem uma boa educação financeira aos filhos e se estes conseguirem estudar sem usar a poupança, estará garantida também a aposentadoria deles, afora o que puderem construir com a própria renda. Uma vida sem preocupações financeiras! Quer herança maior que essa?

Uma coisa é certa: os filhos poderão escolher com liberdade sua carreira quando perceberem que há segurança para correr riscos. Pessoas que escolhem a profissão pela paixão, e não pela necessidade de dinheiro, geralmente são aquelas que se destacam em sua área. Corram atrás de seus sonhos e o dinheiro virá atrás.

• *Planos de previdência e seguros*

Muitos pais preferem substituir o modelo de construção de poupança do tópico anterior por planos de previdência e seguros. Os bancos oferecem inúmeras alternativas: seguro-educação e seguro de vida, resgatáveis ou não, seguro de trabalho e planos de previdência, entre outras. A família passa a ser incentivada a adquirir esses planos principalmente após o nascimento do primeiro filho.

Não há, obviamente, razão para contratar um seguro de vida se a família tem reservas suficientes para manter o padrão de vida caso um dos pais venha a faltar. Um seguro, qualquer que seja, não pode ser visto como investimento, e sim como o preço que se paga para garantir que não falte o imprescindível. Se apenas um dos pais trabalha, ele deve fazer um seguro de vida ou de trabalho. Se, em caso de acidente com a casa – incêndio, roubo, destruição –, o casal não tiver reservas para repor as perdas, comprar outra casa ou pagar aluguel, sugere-se contratar um seguro residencial.

Recomendo fortemente aos pais que ainda não conseguiram formar uma reserva de pelo menos seis meses de salário que priorizem um seguro de vida. Se tiverem poucas sobras mensais para poupar, farão melhor investimento adquirindo uma proteção para sua família mesmo que para isso tenham de abrir mão de um plano de investimentos e independência financeira. Então sim, com o futuro de seus filhos protegido, será hora de começar a organizar o orçamento familiar para construir a aposentadoria financeira.

As famílias que possuem vários dependentes devem analisar com cuidado a hipótese de contratar planos de saúde. Para quem tem três ou mais filhos sem antecedentes familiares de doenças graves, não será bom negócio pagar planos de saúde completos[21] para toda a família, pois gastará muito mais no ano do que gastaria pagando consultas a bons médicos e exames em bons laboratórios para todos. A probabilidade de que todos fiquem doentes no mesmo ano é ínfima. Por isso, a melhor solução é contratar apenas planos hospitalares, bem mais baratos, que cobrem acidentes e internações.

O mesmo vale para famílias que têm mais de quatro automóveis. É preciso fazer as contas para ver se vocês gastarão mais com o seguro anual ou com a compra de um carro novo se houver roubo ou acidente. O correto é negociar um seguro único para a "frota".

Com os planos de previdência e com os de educação ocorre a mesma coisa. O banco ou a seguradora farão exatamente o que vocês deveriam

21. Incluindo consultas, laboratórios e tratamentos.

fazer se fossem disciplinados: aplicarão seu dinheiro em investimentos seguros, como títulos públicos do governo[22]. Como a empresa está sendo contratada para lhes prestar um serviço, vocês perderão uma parte da rentabilidade total para pagar as taxas de administração e carregamento desses planos.

Por outro lado, se a família não tem planejamento financeiro com metas para a aposentadoria e regularidade de aplicações, deve contratar um plano de previdência privada. Se os pais não formarem uma reserva para a educação dos filhos, farão bom negócio ao contratar um plano específico de educação.

• *Dicas de como gastar menos com os filhos*

É preciso ter sempre em mente que os gastos com os filhos tendem a crescer ano a ano até a faculdade. Há um pequeno aumento de gastos quando eles passam a freqüentar escolinhas, com a demanda de materiais de arte e educação para uso na escola e em casa. Mais tarde, há outro salto quando começa a alfabetização, com demanda maior de livros, revistas e jogos. Nessa fase aumenta também a socialização da criança, e começam as demandas de atividades de lazer paralelas à escola. Na adolescência vêm manias e *hobbies*, roupas da moda, pequenas viagens e "baladas".

Os gastos são inevitáveis, mas grande parte deles é motivada mais pelos pais que pelos filhos. O importante é investir nos filhos de forma racional e organizada, seguindo alguns princípios que eles também conhe-

---

22. Qualquer pessoa pode investir diretamente em títulos públicos com pelo menos R$ 200,00 através do programa Tesouro Direto, disponível em qualquer grande banco e acessível também pela internet.

çam e entendam. As dicas a seguir são muito valiosas para orientar o uso da renda da família:

Jamais apresentem as gulodices do mundo a seus filhos. Chegará o momento certo de eles mesmos descobrirem e pedirem essas coisas a vocês. É com muita tristeza que vejo pais levarem bebês de colo a lanchonetes, oferecendo-lhes refrigerantes e batatinhas. É só para provar, não é mesmo? Sim, mas essas "provadinhas" despertam o paladar para alimentos e hábitos reconhecidamente pouco saudáveis e, ainda por cima, muito caros. Deixem que seus filhos desenvolvam o próprio desejo por alguma coisa. Será muito mais gratificante presenteá-los com uma visita a um lugar que estiverem loucos para conhecer do que despejar sobre eles novidades inúteis em uma idade em que não fazem escolhas baseadas em marcas e etiquetas.

Estabeleçam regras de consumo de produtos caros ou pouco saudáveis. Comentei recentemente com amigos que, quando eu era criança, tomávamos refrigerante apenas aos domingos, na casa de meu avô. O mais impressionante: duas garrafas de um litro eram suficientes para a família toda! Incentivar as crianças a consumirem doces, guloseimas e alimentos inadequados sem nenhuma regra é estimular um consumismo doentio e desnecessário, fruto do comodismo dos pais.

Estabeleçam regras de compras para as crianças. É impressionante a freqüência da presença de crianças mimadas em lojas e supermercados. Usando uma expressão do doutor Içami Tiba, são verdadeiros tiranos do consumo, criando "saias justas" para os pais e forçando-os a levar para casa o que querem. Certas regras devem ser estabelecidas desde cedo. As compras não servem para trazer presentes para casa. Presentes são ganhos em datas festivas; é importante que a criança tenha noção disso, pois aprenderá a fazer escolhas criteriosas dos presentes que deseja e a valorizá-los muito mais. Se for preciso negociar, que seja um sorvete, e não um brinquedo.

Não abusem das novidades tecnológicas. Dar presentes caros quando a criança não os espera terá como único efeito o estímulo da vontade de receber presentes mais caros ainda na próxima oportunidade. Para uma criança de 3 anos, ganhar um carrinho com controle remoto pode ser tão bom quanto ganhar uma bola ou um *skate*. Não é nenhum pecado dar ao filho um carrinho de plástico comprado na feira se esse é o presente que o faz feliz.

Supermercado não é lugar de criança. A não ser, é claro, que elas mostrem saber comportar-se em um lugar de tantas tentações. A técnica de fazer compras com listas vai por água abaixo quando temos uma criança ao nosso lado que parte nosso coração com aquela expressão de "quero tanto". As embalagens são feitas para criar esse efeito, isso é normal. Convencer uma criança do que cabe e do que não cabe no orçamento é difícil, portanto será melhor deixá-la com alguém.

• *Ensinando pelo exemplo: o comportamento financeiro dos pais*

Alguns investem em imóveis porque ouviram falar que isso é seguro. Outros não investem em ações porque um parente já perdeu muito dinheiro com elas. Muitos gastam mais do que podem na compra de um automóvel porque seus amigos têm carros de alto padrão (será que eles também não estão atolados em dívidas?). Quero dizer com isso que muitas das decisões que tomamos em relação ao dinheiro decorrem de hábitos, nem sempre saudáveis, que imitamos da maioria das pessoas que conhecemos.

Isso seria ótimo se estivéssemos rodeados de milionários. Mas o Brasil é um país de pobres. O mesmo tio que o orienta a comprar a casa própria por segurança pode ser mais um do time de pessoas que sofrerão com a queda do padrão de vida na velhice, dependendo dos filhos para pagar tratamentos de saúde. Se uma velhice com dificuldades financeiras atinge a grande maioria das pessoas, por que seguimos tão fielmente as recomendações financeiras de quem não é especialista na construção de riqueza?

A racionalidade do planejamento financeiro torna o processo de educação financeira bastante simples. Na verdade, sou inconformado com o fato de não existir obrigatoriamente a disciplina de Educação Financeira no ensino médio das escolas brasileiras. Afinal, a falta de poupança é a origem de muitos problemas nacionais, assim como a falta de crédito e os juros elevados. A construção de uma nação rica depende da capacidade de seus cidadãos de enriquecer. O Brasil é, predominantemente, um país de pobres. Por que, então, não incluir a Educação Financeira no currículo básico da formação dos cidadãos?

Já que a matéria não é ensinada na escola, em casa os pais devem discutir abertamente com os filhos as decisões sobre dinheiro, investimentos e planejamento para o futuro, explicando, por exemplo: "Estamos abrindo mão de coisas que gostaríamos de ter agora para tê-las no próximo ano, sem atrapalhar nossas contas". A conquista de um luxo deve ser comemorada: "Valeu a pena guardar dinheiro por um ano, pagamos bem menos por esse televisor do que se o financiássemos". Devem também ensinar pelo exemplo. Não adianta exigir dos filhos que guardem dinheiro no cofrinho se os pais não têm também seu cofrinho – mesmo que acumulem menos que os filhos. Não adianta pedir para economizar energia elétrica e deixar as luzes acesas na casa inteira.

Uma boa oportunidade de estimular nos filhos um bom relacionamento com o dinheiro é levá-los às compras e, diante de um pedido, dar a eles alguns trocados para comprar o que quiserem, deixando claro que não poderão pedir mais nada. Muito provavelmente vocês notarão, surpresos, que o dinheiro dado aos filhos estará intacto no final das compras, talvez guardado para comprar algo mais valioso no futuro. Essa é uma lição financeira fundamental: a de que existe um custo de oportunidade no dinheiro. E eles aprendem sozinhos, sem precisar de calculadora.

Muita atenção à justiça financeira. Na hora de presentear, talvez um dos filhos queira algo que custe menos da metade do presente que o outro deseja: um quer uma bola de borracha e o outro quer um carrinho com controle remoto? Evitem tal discrepância, pois quando ambos crescerem e a noção de valor se tornar mais apurada tais diferenças poderão criar a impressão de injustiça ou de preferência arbitrária por um dos irmãos. A igualdade de valores percebidos é importante para evitar cobranças inconscientes no futuro.

À primeira vista, pode parecer muito difícil lidar com tantas variáveis. Mas lembrem-se: é uma questão de maus hábitos em relação ao dinheiro. Quanto mais o casal discutir as questões financeiras e o valor intrínseco[23] de bens adquiridos, mais naturais se tornarão suas decisões em termos financeiros. Riqueza é também uma questão de hábito.

• *A educação financeira dos filhos*

Outra forma de incentivar a educação financeira é através de práticas cotidianas, simulações do dia-a-dia dos adultos. É disso que as crianças gostam. Ensinar finanças com fórmulas de matemática financeira, mecânica dos juros e simulações numéricas traz o risco de cultivar a aversão por finanças na cabeça das crianças.

---

23. Valor intrínseco é um conceito econômico que vai além do preço, envolvendo também o benefício que o bem traz a quem o usa. Quanto mais desejado for um bem, maior será seu valor intrínseco.

Por isso, tenham o cuidado de respeitar certa ordem nas ferramentas de ensino que permitem despertar o interesse das crianças. A educação financeira pode começar com jogos que envolvam decisões de compra e acumulação de dinheiro. Um clássico de jogos desse tipo é o Banco Imobiliário[24]. Os pais podem facilitar para os filhos a percepção dos aspectos financeiros do jogo com comentários do tipo: "É igualzinho à vida real" ou "Seu avô ficou muito rico assim, acumulando dinheiro e investindo em imóveis".

O segundo passo na educação financeira seria dar permissão aos filhos para imitar os adultos em situações de escolha e compra com recursos limitados – pedir a ajuda dos filhos, por exemplo, para montar o orçamento de uma festinha de fim de semana ou das próximas férias. A etapa seguinte seria estimular a responsabilidade pessoal. Talvez seja esse o maior objetivo de propor uma mesada aos filhos. Eles aprenderão bastante quando perceberem que seus recursos são escassos.

Finalmente, há a participação da criança – nesse caso já adolescente – nas decisões sobre o orçamento doméstico de toda a família. O acompanhamento mensal dos custos da casa e o monitoramento de algumas contas de poupança para atingir certos objetivos, como uma viagem, proporcionam excelente aprendizado sobre as finanças de uma vida independente. Quando esse ponto for atingido, provavelmente haverá interesse suficiente para freqüentar um curso de matemática financeira e planejamento financeiro pessoal.

• *Os filhos devem conhecer o orçamento da família?*

Quando afirmo que é dever dos pais discutir abertamente o tema dinheiro diante dos filhos, é preciso tomar cuidado com dois assuntos delicados: *renda* e *poupança*.

---

24. Versão brasileira do jogo americano Monopoly, que apresenta dezenas de variantes sobre o mesmo tema.

O perigo desses assuntos está na ordem de grandeza dos números. Para uma criança que tem um sorvete como desejo de consumo, R$ 1,00 é muito dinheiro, e ganhar moedas é uma verdadeira realização. Enquanto essa criança não lidar com padrões de consumo equivalentes aos de um adulto – comprando as próprias roupas, por exemplo –, sua percepção de renda será bastante distorcida. Ela imagina que os pais ganham alguns punhados dessas moedas que recebe de presente.

Por isso, dizer a uma criança que seu pai ganha, por exemplo, R$ 1.000,00 por mês pode gerar conseqüências bastante indesejáveis. É uma renda imensa para uma criança – mesmo que esse valor esteja abaixo do mínimo necessário para sustentar uma família de forma digna no Brasil. Em sua inocente percepção, essa é uma fonte infinita de recursos, motivo para perceber seu pai como um grande pão-duro, que tem dinheiro mas não lhe dá presentes. Motivo também de conversa e "esnobação" diante dos colegas, o que pode chegar aos ouvidos de outros pais.

Quando eu era pequeno, imaginava que meu pai ganhava muito dinheiro, afinal tínhamos dois carros e passávamos o Natal com a família toda reunida em nossa casa. Presentes não eram freqüentes, mas não faltavam em meu aniversário nem no Natal. Com o tempo, descobri que ele ganhava muito mais do que eu imaginava, mas muito menos do que precisava para oferecer aos filhos o padrão de vida que gostaria. Como ele mantinha esse segredo? Ao fazer a fatídica pergunta de quanto meu pai ganhava, eu ouvia: "É segredo de Estado". Uma resposta definitiva, principalmente na época do governo militar!

Pelas mesmas razões, não se deve discutir sobre a poupança da família nem o planejamento para a independência financeira enquanto a criança não tiver maturidade para entender conceitos como aposentadoria e expectativa de vida. Na verdade, não existem motivos para expor esse assunto aos filhos, para evitar falsas expectativas. O melhor momento para saber que há uma boa herança a receber é quando não se precisa mais dela. Antes disso, há grandes chances de destruição do patrimônio familiar.

Outra fonte de interpretações indevidas é o uso de cheques e cartões. Para crianças mal orientadas, fica a impressão de que basta fazer um cheque ou entregar um cartão que se pode comprar qualquer coisa de qualquer valor. Três lições simples evitam esse tipo de problema:

1) Em casa, encontrem uma oportunidade de explicar como funciona o cheque ou o cartão de crédito: "Hoje iremos usar o cheque nas compras porque guardamos um dinheirinho no banco".
2) Na loja, deixem bem claro à criança que estão fazendo um cheque porque têm aquele dinheiro no banco e, quando o lojista apresentar o cheque ao caixa, vai receber o dinheiro que vocês deixaram lá.
3) Quando usarem o cartão, expliquem que vocês têm um acordo com o banco que não permite gastar mais do que certo valor – no caso, o limite de crédito (cujo valor não deve ser revelado). Se a criança perguntar sobre o real valor, digam que é bem menos do que vocês ganham.

Fica então a dúvida: se não é saudável revelar todos os valores aos filhos, como ensinar planejamento financeiro e orçamento doméstico? Sugiro que se aproveitem projetos familiares específicos para pôr em prática a educação financeira, como no exemplo abaixo.

Ao planejar as férias escolares, é possível e recomendável abrir a discussão para todos os membros da família que já conheçam matemática básica. Com alguns meses de antecedência, pode-se criar a expectativa de uma gostosa viagem de férias. Após o levantamento de custos, os pais montam uma relação de quanto gastarão com gasolina e pedágios (ou passagens e pacotes de viagem), alimentação, diversão e, se for o caso, hospedagem. Tenham certeza de que as crianças se interessarão por esses números, afinal são somas grandes para os padrões de consumo delas.

Digam quanto pouparão por mês para conseguir os fundos para pagar a viagem. Contem com os juros de uma aplicação para mostrar que guardarão menos do que o necessário, já que o banco pagará uma parte das férias. Aí está uma oportunidade de explicar como os bancos funcionam. Alguns meses depois da primeira aula, montem uma planilha que mostre quanto pouparam e quanto receberam de juros. Festejem juntos a concretização das metas que possibilitaram a viagem.

Com isso, as crianças aprenderão conceitos que, para elas, são tão repulsivos quanto juros, orçamento, planejamento e investimentos. E o melhor: sem ter de *estudar* o assunto.

• *Como lidar com a mesada*

Quanto maior for o convívio social de uma criança, maior será a necessidade de um caixa regular para pagar contas diversas. Essa é uma demanda que surge do próprio grupo social da criança: se todos vão juntos ao *shopping center* assistir a um filme no cinema, normalmente o dinheiro do ingresso não é suficiente. Sempre há a compra de alguma guloseima ou de algum acessório da moda. Se seu filho não acompanhar os hábitos do grupo, poderá sentir-se deslocado.

Se não houver convívio social intenso – se a criança, por exemplo, fizer parte de um grupo de atividades freqüentes, como um time esportivo ou uma equipe de dança –, a demanda de dinheiro extra não será regular. As prioridades do grupo são outras.

Conceder ou não mesada é uma opção que deve ser discutida, preferencialmente, entre pais e filhos. Normalmente, a idéia da mesada parte dos filhos, inspirada no exemplo de seus colegas de escola. Uma alternativa é propor aos filhos que peçam os recursos necessários para atender suas necessidades de consumo. É saudável que, nesse momento, se proponha um limite semanal de valores, discutido de acordo com as necessidades da criança e com a aprovação dos pais a cada compra. Ela estará aprendendo então o conceito de *crédito*.

Com o tempo, essas necessidades passarão a ser mais freqüentes, trazendo impactos indesejáveis sobre o orçamento. Nesse momento, os pais podem propor uma mesada para que a criança decida como bem entender sobre o uso do dinheiro. O novo conceito aprendido é o de *responsabilidade financeira*.

O valor da mesada deve ser debatido com base num orçamento. O ideal é que todos se sentem e discutam o que os filhos gostariam de fazer se tivessem o próprio dinheiro. É necessário mencionar tudo, como guloseimas, refeições fora de casa, acessórios da moda, cinema, passeios com os amigos e compra de revistas e gibis, entre outros gastos. Dependendo do grau de independência que os pais oferecem aos filhos, pode-se incluir também compra de vestuário, custeio de atividades de lazer e decoração do quarto. Feito o orçamento, deve-se negociar um corte desses gastos. A mesada não deve pagar tudo o que os filhos desejam comprar. Eles devem entender que o orçamento é limitado e que os pais também adiam algumas escolhas para obter outras. Se os filhos quiserem comprar guloseimas na escola e os pais puderem arcar com isso, será interessante propor limites – incluir no orçamento três guloseimas por semana, por exemplo.

Será mais fácil orientar os filhos nos aspectos financeiros se a freqüência da mesada for maior. Em lugar da mesada, uma "quinzenada" pode trazer melhores efeitos. A razão disso é que a noção de tempo é diferente conforme a idade. Ele demora mais a passar para as crianças. Se elas encontrarem dificuldades no final da quinzena por ter torrado toda a mesada, vão aprender a lição e praticá-la já nos quinze dias seguintes.

A forma como os pais lidam com a mesada pode ser a melhor estratégia de educação financeira. Ela não deve jamais ser utilizada como instrumento punitivo: "Se você não passar de ano, perderá a mesada!" Pelo contrário, deve ser considerada um instrumento de inclusão da criança no planejamento da família: "Não podemos aumentar sua mesada porque esse é o valor que cabe em nosso orçamento, mas, se você tirar boas notas, receberá um bônus quando o papai e a mamãe receberem a gratificação de Natal no trabalho". Ruim quando utilizada como punição, a mesada é ótima como parte de uma recompensa.

Deve-se deixar claro também que a mesada é um recurso para custear as vontades e a socialização da criança. Não é boa prática aumentar a mesada para que a criança compre os próprios livros escolares, por exemplo. Ela entende que os pais são responsáveis por sua educação, já que não foi ela que escolheu entrar na escola. Essa situação pode mudar na faculdade, quando o adolescente provavelmente entenderá com maior clareza os conceitos de orçamento, planejamento e responsabilidade financeira.

Uma ocasião interessante para mais um ensinamento sobre finanças ocorre quando o filho quer uma roupa, um brinquedo ou um jogo de preço elevado. Ele merece, mas não há nenhuma ocasião especial que justifique um presente. Caso típico em que caberia o uso da mesada, mas o dinheiro que ele tem não é nem de longe suficiente para a compra. Há duas possíveis lições alternativas a ensinar:

Como funciona um empréstimo. Se o preço do objeto desejado for pouco superior à quantia de que a criança dispõe, pode-se propor sua complementação, abatendo-se esse valor da próxima mesada e *incluindo-se obrigatoriamente algum juro pelo empréstimo*. Esse juro deve ser proposto em valores – "Eu lhe empresto R$ 10,00, mas na próxima mesada você receberá R$ 11,00 a menos", por exemplo – quando as crianças ainda não aprenderam matemática financeira. A criança deve entender que, se precisar usar o dinheiro dos outros, terá de pagar uma taxa por isso. Os juros não devem ser justificados como multa, e sim como um aluguel pago pelo uso do dinheiro que não se possui.

Como poupar. Uma alternativa mais interessante é ensinar a investir. Premiem a perseverança em busca de um objetivo. Digamos que seu filho lhes peça um brinquedo de R$ 50,00. Proponham a ele que guarde R$ 10,00 por quatro semanas e que vocês completem os outros R$ 10,00 para comprar o brinquedo. Não se esqueçam de explicar que o banco funciona exatamente assim: quando a família quer comprar um carro, guarda dinheiro no banco para pagar menos do que ele vale, já que o banco, ao pagar juros, vai contribuir com o desembolso de parte desse valor.

• *Dinheiro na adolescência*

A adolescência, fase complicada que é, traz novos desafios financeiros aos pais. Essa é a idade em que os filhos gastam mais. Aumentam os preços da mensalidade escolar, do material didático, dos presentes e dos hábitos de lazer. Como a maior necessidade do adolescente é sentir-se parte de um grupo, surgem demandas de maiores gastos relacionados a modas e manias. O adolescente, em sua eterna busca de liberdade, pensa mais em viagens e passeios. Por um capricho da natureza – ou de nossa sociedade –, essa fase de orçamento mais exigente coincide com a época em que os pais começam a considerar a diminuição do ritmo de trabalho. É um drama, pois os conflitos da adolescência colidem com as neuroses da maturidade.

Administrar esses conflitos é um desafio, por isso os pais precisam estar conscientes das necessidades de seus filhos. Se a mesada for uma prática, devem rediscutir periodicamente (talvez a cada semestre ou ano) as necessidades dos filhos e estabelecer um valor adequado a suas demandas pessoais. Comecem a preparar seus filhos para a independência. Sugiro que, à medida que buscarem maior autonomia, vocês lhes ofereçam uma mesada cada vez mais polpuda para que eles próprios assumam suas despesas e administrem os gastos com educação, lazer e alimentação fora de casa.

Alguns pais temem confiar recursos aos filhos adolescentes com receio de que cometam loucuras impensadas, como gastar além da conta com *hobbies*, namoro e "baladas". Esse raciocínio está equivocado, pois não é a disponibilidade de dinheiro que leva o jovem a cometer bobagens, e sim a falta de orientação ou de confiança em seus pais.

Talvez a oportunidade de dar ao jovem um voto de confiança em sua responsabilidade facilite a travessia da complicada fase da adolescência. Se tiverem condições, os pais poderão garantir casa, comida e estudos, por exemplo. E uma mesada ajudará o jovem a cobrir gastos pessoais, cada vez mais íntimos. A própria busca natural de sonhos maiores de consumo será um incentivo ao jovem para que trace seu plano pessoal de estudos e trabalho.

Poucos são os jovens que não ficam angustiados quando chega o momento de se decidir por uma carreira ou quando se vêem obrigados a optar entre trabalho e estudo. As limitações financeiras certamente influenciam essas decisões, nem sempre de forma coerente. É sensato decidir pelo trabalho e adiar por alguns meses ou anos o sonho da formatura quando a família não tem condições de pagar uma faculdade. Essa dolorosa decisão tem até mesmo o aspecto positivo de permitir ao jovem maior amadurecimento nessa escolha. Mas não é coerente a escolha de determinada carreira em detrimento de outra por razões financeiras: "Serei médico porque ganharei mais". Essa é uma grande bobagem. Profissionais medíocres e desmotivados jamais atingem o sucesso em profissões de alto nível. Por outro lado, profissionais apaixonados por seu trabalho fazem com que o sucesso os persiga. A melhor recomendação aos jovens é seguir seu coração, e não o dinheiro, na hora de escolher uma profissão. O dinheiro virá atrás, com certeza.

• *Crianças e jovens com problemas financeiros*

Quando mal utilizado, um bom instrumento de aprendizagem pode gerar efeitos contrários aos esperados. A mesada, além de custear a independência dos filhos, deve servir como experiência para que aprendam a se disciplinar com relação ao dinheiro. Por isso sugeri que, após uma conversa para identificar os planos de gastos semanais dos filhos, haja uma negociação e se proponha um valor para essa mesada um pouco inferior ao que seria considerado ideal pelos filhos. A vida é feita de escolhas, e vocês devem dar a eles a oportunidade de começar a fazer escolhas de consumo em razão de restrições no orçamento.

Uma das lições propostas foi a do empréstimo. Quando o dinheiro da mesada for insuficiente, será um bom ensinamento emprestar dinheiro em troca de juros. Mas, se a criança não entender a desvantagem de pagar juros e começar a entrar no vermelho de forma recorrente, será hora de suspender a prática do empréstimo e mudar a lição.

Uma forma muito simples de aprender a se disciplinar com relação à renda é a utilização de um sistema de envelopes para cada necessidade. Quando perceberem que seu filho tende a ter problemas financeiros freqüentes, orientem-no para, no momento em que receber a mesada, dividir o dinheiro em envelopes específicos para cada gasto principal: um envelope para as "baladas", outro para os lanches, outro ainda para a compra de roupas, para a compra de livros e assim por diante.

À medida que usar o dinheiro de cada envelope, o simples fato de perceber que a verba se esgota evitará que o jovem exagere nos gastos, disciplinando-o com relação ao orçamento. Quando o dinheiro de um envelope acabar, isso significa que ele não poderá fazer mais nenhuma despesa específica até o próximo pagamento.

Os resultados são fantásticos. O mesmo mecanismo vale também para desenvolver a disciplina financeira em famílias de baixa renda – menos de dois salários mínimos por membro da família, em minha opinião. No dia do pagamento, todo o dinheiro recebido deve ser dividido em envelopes. Na medida do possível, um dos envelopes deve ser dedicado ao fundo de reserva para formar uma poupança para o futuro.

3 Parte

Um futuro a dois mais rico

Capítulo 6. Cuidando dos imprevistos

O planejamento visa a um futuro mais tranqüilo. Mas certamente alguns leitores se perguntarão: "Como pensar no futuro se, no presente, estamos com as contas no vermelho?" Não quero criar a ilusão de que um bom planejamento financeiro eliminará os problemas de sua vida. Imprevistos ocorrem. Pode surgir alguma doença grave na família, um acidente que invalide alguém para o trabalho ou a quebra de contratos do governo em relação à aposentadoria, entre outras coisas. Fiquem à vontade para interromper a leitura e bater na madeira três vezes.

Independentemente do tipo de imprevisto que surgir, estará melhor a família que tiver reservas financeiras. O problema pode exigir a utilização dessas reservas. Em alguns casos, isso fará com que o sonho da independência financeira seja adiado por muitos anos. Mas será uma tranqüilidade em meio à tempestade, pois a preocupação da família se centrará no problema, e não na falta de dinheiro para custeá-lo.

Cuidado com suas escolhas quando houver necessidade de usar os fundos de reserva. Jamais entrem em dívidas se tiverem recursos poupados. Os juros das dívidas com certeza serão maiores que os juros que vocês deixarão de ganhar ao sacar os investimentos. O mais sensato é usar a poupança e já pensar na maneira de recompô-la nos meses seguintes. Melhor: façam um empréstimo a si mesmos! Vejam como funciona:

Digamos que vocês precisem urgentemente de recursos no valor de R$ 10.000,00 e que esses recursos estejam aplicados em um fundo de investimentos que renda, após descontar o IR, 1% ao mês.

Se vocês tomassem esse dinheiro emprestado do banco (empréstimo pessoal) por dois anos, a juros de 3% ao mês, pagariam 24 parcelas de R$ 590,50, totalizando R$ 14.172,00.

Se deixassem os R$ 10.000,00 aplicados, ganhariam no período R$ 2.697,00, totalizando R$ 12.697,00.

O melhor a fazer, então, é sacar os R$ 10.000,00 da aplicação e pagar para vocês mesmos o valor das prestações que pagariam ao banco. O resultado será fantástico!

O problema ocorre quando não há reservas ou quando as reservas acabam. Nesse caso não há remédio, é hora de recorrer aos financiamentos para evitar soluções dramáticas – como tirar um filho da escola particular, abandonar os estudos ou grandes projetos de vida.

• *Alternativas de financiamento*

Na hora de pedir dinheiro emprestado, há certa hierarquia nas taxas de juros a que vocês precisam atentar. Muitas das alternativas disponíveis devem ser completamente descartadas, pois existem outras melhores. Vejam a escala de possíveis formas de financiamento para pessoas físicas, das mais caras às mais baratas do mercado:

Agiotas: nunca recorram a agiotas para saldar outras dívidas, pois além de pagar os juros mais altos do mercado há o risco de, numa eventual dificuldade de pagamento do empréstimo, submeter-se a práticas criminosas de cobrança – como ameaças e tomada aleatória de bens. Em geral, as pessoas recorrem a agiotas em duas situações: quando não há alternativas e quando se sentem envergonhadas de negociar seriamente com seu banco. A primeira hipótese só pode ser evitada com planejamento e negociações antes de a bomba estourar. A segunda situação requer a atitude de dar maior valor ao próprio dinheiro e enfrentar os problemas.

Financeiras: são as vilãs legais do mercado financeiro. As taxas praticadas são as mais altas dentre as alternativas de empréstimo, superando as dos cartões de crédito e do cheque especial da maioria das instituições. Não há má-fé nesse nível de taxa de juros, pois as financeiras servem para socorrer pessoas que não têm crédito ou já esgotaram seus limites de crédito. Como esse tipo de público oferece maior risco de inadimplência, as taxas cobradas devem ser maiores para cobrir tal risco. O lado ruim desse segmento é a agressividade comercial, que explora a ingenuidade e a falta de informação de seus clientes. Os empréstimos são vendidos como "dinheiro fácil", sem a apresentação clara dos juros cobrados. Num país como o Brasil, cujo nível de instrução médio é muito baixo, trata-se de verdadeira exploração da ignorância. Muitas das pessoas que hoje utilizam os serviços das financeiras poderiam obter empréstimos a juros mais baixos em seu banco, mas desconhecem esse fato. Sucumbem aos apelos de marketing das financeiras porque são literalmente fisgadas nas calçadas ou na porta de seu local de trabalho. Fujam delas!

Cartões de crédito: a regra número 1 do uso de cartões de crédito é jamais pagar o valor parcial da fatura. Os elevados juros tornam proibitivo seu uso como forma de financiamento. Cartões de crédito são instrumentos de organização financeira, e a grande vantagem de seu uso está na concentração do pagamento das contas logo após o dia do recebimento do salário. Se vocês não têm dinheiro para pagar a fatura do cartão, na pior das hipóteses liguem para o gerente do banco solicitando um empréstimo pessoal. Custará muito menos.

Cheque especial: cuidado com a tentação que seu banco lhe oferece com esse produto. Somos bajulados com cartinhas assinadas pelo diretor do banco, que nos saúda como clientes especiais e assim por diante. Por se tratar de um crédito oferecido a clientes displicentes, que não cuidam bem de seu dinheiro, os juros embutidos são elevados. É um tipo de recurso que não traz ganhos ao banco enquanto não for usado. Quando o usamos, acabamos pagando pelo tempo durante o qual outros clientes deixaram de usá-lo. Todo cliente que tem acesso ao cheque especial é, de certa forma, também especial, pois mantém bom relacionamento com o banco, o que justifica esse crédito. Pela mesma razão, não haverá problemas em obter um empréstimo pessoal, que sempre custará bem menos que o cheque especial.

Crédito direto ao consumidor: o CDC é o tipo de financiamento praticado pelas instituições financeiras através de grandes redes varejistas, como lojas de utilidades e de eletrodomésticos. Vocês já devem estar conscientes de que sou radicalmente contra a compra a prestação, pois os financiamentos só empobrecem as famílias. Quando a compra de um eletrodoméstico, porém, for necessária (a geladeira enguiçou?) e as alternativas de crédito mais baratas estiverem esgotadas, será melhor negócio entrar em um financiamento do que pagar com cartão de crédito e depois ter de rolar a dívida com juros bem maiores.

Empréstimo pessoal: disponível a todos aqueles que têm conta-corrente em banco. Normalmente, é necessário preencher uma ficha de avaliação para verificar a linha de crédito, que é o limite de recursos que o correntista pode tomar emprestado. Os juros praticados não são baixos, mas são bem menores que os do cheque especial. É uma grande ingenuidade utilizar a linha de crédito do cheque especial quando se pode ter acesso a um empréstimo pessoal pagando cerca da metade dos juros. As pessoas seguem esse caminho incoerente por duas razões: é preciso pegar o telefone para fazer um empréstimo pessoal (com cheque especial não é preciso fazer nada) e há certa sensação de "intimidação" ao ligar para o gerente e dizer que faltará dinheiro na conta ("Que vergonha confessar ao meu gerente que não soube cuidar do meu dinheiro"). Essa é uma grande bobagem, pois a primeira coisa que o gerente do banco vê em seu computador pela manhã é a lista de clientes que começam o dia no vermelho.

Empréstimo cooperativo: certos segmentos profissionais e trabalhadores de algumas empresas reúnem-se em cooperativas de crédito ou bancos cooperativos para obter melhores condições de juros. A grande vantagem de se vincular a uma instituição desse tipo é que o perfil de seus "correntistas" é mais homogêneo, assim como os hábitos de investimento e captação de recursos. Por isso, há menor risco, e os *spreads* praticados são menores. Quem investe em fundos cooperativos não obtém boa rentabilidade, mas na hora de pedir empréstimo os juros são menores que os praticados nos empréstimos pessoais, pois o objetivo dessas instituições é garantir crédito a preço mais baixo para seus cooperados. Se sua categoria profissional conta com alguma cooperativa de crédito, analise as vantagens das aplicações oferecidas!

Empréstimo trabalhador (vinculado à folha de pagamento): uma forma interessante – ou seja, menos cara – de crédito é o empréstimo vinculado à folha de pagamento, acertado entre bancos e empresas para favorecer os empregados. Os juros praticados dependem muito do porte e do relacionamento bancário da empresa, mas são sempre bastante inferiores aos juros do empréstimo pessoal. O que viabiliza esses juros vantajosos é a garantia que a empresa oferece com o pagamento do salário do funcionário. Quando ele toma emprestado, o banco é autorizado pela empresa a descontar as prestações da dívida diretamente do pagamento mensal do funcionário, não havendo risco de inadimplência. Se o funcionário for demitido, a empresa arcará com a dívida. Como o trabalho de análise do crédito não precisa ser feito (a empresa é que o faz) e como a garantia de recebimento é bem maior, o banco cobra juros bem menores para tais operações.

Antecipação de créditos: a cada ano, existem duas oportunidades de pagar menos juros por dívidas acumuladas – a antecipação da restituição do imposto de renda e a antecipação do décimo terceiro salário. Os bancos oferecem aos trabalhadores a oportunidade de receber esses recursos com um ou dois meses de antecedência e cobram juros por essa antecipação. Como no desconto em folha, os juros são reduzidos, pois há poucas chances de o trabalhador deixar de receber os recursos. Não deixam de ser empréstimos como quaisquer outros e devem ser evitados por aqueles que mantêm as contas em ordem. Mas, para quem está com dívidas mais caras, essa é uma boa chance de pagar parte da outra dívida e assumir um empréstimo mais barato.

Financiamento de automóveis: quitar uma dívida ou pagar a última prestação de um grande financiamento – como o de um automóvel – traz uma sensação deliciosa, um grande alívio. Esse alívio, porém, pode esconder grandes armadilhas se, para quitar o automóvel, a família cometeu pequenos deslizes que deram início à perigosa bola-de-neve de uma dívida do cheque especial. Ela pode começar com um valor pequeno e tornar-se uma fortuna em poucos meses. A sugestão que dou a muitas famílias endividadas que têm um automóvel já pago é que o vendam para pagar a dívida imediatamente e, se o carro for mesmo imprescindível no dia-a-dia, que comprem outro, talvez de menor valor, financiado. A estratégia dessa recomendação é pagar juros bem mais baixos, pois o financiamento de automóveis apresenta uma das menores taxas de juros do mercado. Por quê? Simples: o automóvel pertence à financiadora enquanto o cliente não quita as prestações – não há risco de perder o valor financiado.

Após um mês de férias muito especiais e sem nenhuma preocupação na cabeça, Mônica e Cláudio espantaram-se com a conta do cartão de crédito. Totalizava cerca de R$ 3.000,00, praticamente o mesmo valor que tinham em um fundo de reserva. Ufa! Sentiram-se aliviados em retomar o ritmo de trabalho sem dívidas! Mas surgiram imprevistos: fragilizado pela alimentação diferente nas férias, Cláudio caiu de cama por alguns dias. Ele tinha *plano de saúde, mas alguns exames e medicamentos não estavam cobertos. Para piorar, dias depois o casal recebeu pelo correio quatro multas por excesso de velocidade, infração cometida no período de férias. O tamanho do rombo com os dois imprevistos: R$ 4.000,00. O casal possuía bom crédito, o que garantia um empréstimo pessoal a juros de 4% ao mês. O gerente do banco apresentou a proposta de empréstimo, sugerindo pagar os R$ 4.000,00 em vinte parcelas de R$ 294,33. Não parecia muito, mas Mônica sugeriu um caminho melhor: vender seu automóvel, um sedã com três anos de uso que valia R$ 20.000,00, e comprar outro de preço um pouco inferior, R$ 19.000,00. Foi o que fizeram. Usaram o dinheiro recebido da venda da seguinte forma:*

Pagamento das contas imprevistas	R$ 4.000,00
Entrada do novo automóvel	R$ 15.000,00
Documentos e licenças	R$ 1.000,00
Total	R$ 20.000,00

Os outros R$ 4.000,00 do preço do automóvel foram financiados em vinte meses, a juros de 1,12% ao mês, resultando em vinte parcelas de R$ 224,34. Comparem com o valor das parcelas do empréstimo oferecido pelo banco e percebam a grande sacada: além de economizar R$ 70,00 por mês em juros, Cláudio e Mônica saíram de carro novo!

Financiamento imobiliário: cada vírgula do que afirmo com relação aos financiamentos de automóvel vale para a casa própria. Estão com dívidas até a tampa e o valor do carro não paga nem a metade dessas dívidas? Que tal vender a casa? Esta última pergunta pode parecer um sacrilégio em nossa cultura, na qual o sonho da classe média é justamente a casa própria. Mas leiam a história a seguir e tirem suas conclusões.

Paulo e Érica começaram a vida a dois como muitos casais sonham: uma bela festa de casamento, apartamento mobiliado e quitado com a ajuda de pais e padrinhos, lua-de-mel em uma paradisíaca praia do Nordeste e nenhuma dívida significativa. Mas o destino pregou uma peça nos dois. Após seis anos prestando serviços para uma empresa que lhe proporcionara boa renda, boas bonificações e crescimento na carreira, a organização fechou as portas e Paulo ficou sem emprego.

Não parecia um grande drama, afinal ele mostrara competência em sua função. Por ser prestador de serviços, não tinha indenização a receber, mas, como guardavam dinheiro todo mês, tinham poupança suficiente para manter o lar durante pelo menos seis meses. Mas o tempo passou e as oportunidades não apareceram. As contas não eram altas, mas consumiam rapidamente a poupança. A renda de Érica não ajudava muito, pois ainda estava na faculdade e recebia uma bolsa-estágio que mal cobria os gastos com os livros do curso.

Oito meses depois, nada de emprego para Paulo, não havia mais poupança e as dívidas do cheque especial já somavam R$ 5.000,00, crescendo a juros de 8% ao mês. Foi preciso tomar uma decisão rápida: ou Érica trancava a matrícula ou eles teriam de se desfazer de algo de valor. A decisão foi sensata: vender o apartamento – a tão sonhada casa própria estava por escapar entre seus dedos. Dos R$ 120.000,00 que receberam, usaram R$ 10.000,00 para quitar imediatamente as dívidas e pagar a mudança para um apartamento menor, alugado por R$ 600,00 mensais. Os R$ 110.000,00 restantes foram aplicados em um fundo de renda fixa que rendia, sem descontar a inflação, cerca de 1% ao mês (R$ 1.100,00).

Quando Paulo finalmente conseguiu seu emprego, onze meses após a saída da empresa anterior, a poupança estava reduzida a cerca de R$ 100.000,00. Um ano depois, as contas estavam em dia, o plano de guardar dinheiro mensalmente fora retomado e a poupança acumulada somava R$ 128.000,00. Se não vendessem o apartamento, provavelmente *teriam recorrido a financeiras, cartões de crédito ou até mesmo a empréstimos pessoais, mas encontrariam dificuldades para pagar essas dívidas por muitos meses, talvez anos. Mesmo com recursos suficientes para comprar um imóvel novo, resolveram continuar no apartamento alugado. Afinal, se o dinheiro do fundo de renda fixa rendia mais de R$ 1.000,00 por mês, por que abrir mão disso em troca de um aluguel de R$ 600,00?*

Empréstimo familiar: é o nome técnico dos famosos "empréstimos de pai para filho", que nem sempre ocorrem entre pais e filhos – podem ser feitos entre amigos ou parentes. Uma alternativa talvez bem mais econômica quando o dinheiro falta é recorrer a alguma pessoa próxima, com quem se tenha um relacionamento de confiança mútua. Os ditos populares recomendam distância entre família e negócios, assim essa é uma alternativa disponível a poucos. Quando mal discutido, o empréstimo familiar pode tornar-se uma bomba-relógio prestes a detonar conflitos entre o casal e seus parentes. Mas, quando bem negociado e, principalmente, bem documentado, o empréstimo familiar é um excelente negócio para as partes envolvidas. Um parente ou amigo próximo pode criar vantagem tanto para si próprio quanto para aquele que precisa de dinheiro se tiver alguma poupança disponível para emprestar. Se forem praticados juros de mercado, isto é, se a taxa negociada para o empréstimo for a mesma do CDI, se criará uma situação em que os juros pagos serão mais baixos que a maioria das alternativas de mercado ao mesmo tempo que, para quem recebe, esses juros serão superiores à maioria das alternativas de investimento disponíveis. Lembrem-se de que, se receberem o empréstimo, deve partir de vocês a proposta de documentar a operação com um contrato, mesmo que bem simples. Essa atitude será tão gentil quanto a oferta do dinheiro feita por seu conhecido. Outra atitude que ajudará a preservar a qualidade do relacionamento é manter contato freqüente, lembrando que vocês estão tomando os devidos cuidados para pagar o empréstimo conforme prometeram.

Agora vejam quanto vocês estariam devendo após doze meses, em cada alternativa escolhida, se pedissem um empréstimo ou entrassem em um financiamento de R$ 1.000,00:

Tipo de crédito	Juros médios mensais praticados*	Valor da dívida após 12 meses
Financeiras	12,99%	R$4.329,92
Cartões de crédito	10,72%	R$3.394,01
Cheque especial	7,95%	R$2.504,22
CDC	4,83%	R$1.761,27
Empréstimo pessoal	4,50%	R$1.695,88
Empréstimo cooperativo	2,91%	R$1.410,88
Empréstimo trabalhador	3,15%	R$1.450,88
Antecipação de créditos	2,64%	R$1.367,10
Financiamento de autos	2,16%	R$1.292,32
Financiamento imobiliário	1,62%	R$1.212,69
Empréstimo familiar (CDI)	1,24%	R$1.159,38

* Em outubro de 2004. Fonte: Ipead/UFMG, na internet, em http://www.ipead.face.ufmg.br/juros/

Deixo bem claro que, apesar das diversas alternativas de "dinheiro na mão", não estou afirmando que os financiamentos são bons negócios! Ao comprar um carro financiado, Cláudio e Mônica se deram bem porque deixaram de gastar R$ 70,00 por mês em juros, economia de R$ 1.400,00 em vinte meses. Mas as prestações de R$ 224,34 somam R$ 4.486,80, um gasto total de R$ 486,80 somente em juros. O ideal é fugir dos financiamentos, que só empobrecem as famílias. Quando não houver alternativa, deve-se optar pelo mais barato – sempre. Uma das estratégias fundamentais de redução do pagamento de juros é a substituição de dívidas. Sempre que puderem, peçam dinheiro emprestado a juros mais baixos para quitar – total ou parcialmente – dívidas mais caras. Muita gente faz exatamente o contrário: recorre a agiotas e a financeiras (mais caros) para "limpar a ficha" no banco (mais barato). Esse é um erro grave. O receio de assumir "mais uma dívida" é bobagem, pois duas dívidas de 10 são a mesma coisa que uma dívida de 20. Se vocês puderem pagar menos juros em parte de suas dívidas, mãos à obra!

• *Recorrendo a fiadores*

Um costume que geralmente traz muitos problemas de relacionamento entre o casal e seus familiares é recorrer a fiadores para garantir operações de empréstimo ou financiamento. Essa situação, além de desagradável para quem é "convidado", traz embutido um risco significativo. Quando o banco ou a financeira nos solicitam um fiador, isso significa que não temos recursos nem posses suficientes para garantir o pagamento da dívida. A instituição financeira, portanto, identificou risco de inadimplência.

O fiador é a pessoa que irá neutralizar esse risco oferecendo, mesmo sem saber, seus bens como garantia da operação. Uma vez que a operação entre o banco e o devedor é de crédito – o termo vem do latim, de *confiança* –, o banco está impedido por lei de obrigar o devedor a pagar. Ele pagará se tiver condições, e o banco não poderá tirá-lo da casa própria para quitar a dívida. Se o cliente não pagar, a culpa será do banco, que não soube avaliar o risco de crédito da operação.

Já no caso do fiador, não há operação de crédito, e sim um compromisso de pagamento. Se o fiador não tiver recursos para pagar a dívida de seu amigo-da-onça, poderá ser até mesmo compelido a entregar ao banco sua casa para quitar o compromisso assumido e não cumprido pelo outro. Não há propriamente equilíbrio de condições.

Como geralmente se recorre a pessoas muito próximas – pais e sogros ou irmãos e cunhados – para esse tipo de favor, quando a bomba estoura o efeito ocorre dentro do próprio lar. Problemas financeiros do casal acabam afetando, até com maior gravidade, o restante da família. Por isso o uso de fiadores deve ser evitado. Existem seguros-fiança oferecidos geralmente pela própria instituição de crédito que se prestam ao mesmo papel do fiador. Pagam-se juros um pouco mais elevados para que o risco de inadimplência seja coberto por uma receita extra da operação. Esse é o custo:

- Da falta de crédito.
- Da falta de planejamento (por que comprar sem ter recursos?).
- Da garantia do bem-estar familiar.

Capítulo 7. Investimentos: a busca da melhor opção

Investir é o caminho da garantia ou da melhora no futuro daquilo que se construiu até hoje. É possível alcançar um padrão de vida bastante superior ao que temos hoje se usarmos quatro ingredientes fundamentais: tempo, dinheiro, decisões inteligentes e juros compostos. **Tempo** e **dinheiro** são os elementos básicos da receita. Quanto mais vocês tiverem um deles, menos precisarão do outro.

Se vocês decidiram aplicar o dinheiro poupado em um fundo de renda prefixada que rende 1% ao mês, vejam alguns possíveis caminhos de formação de uma poupança de R$ 100.000,00 nesse fundo:

Se hoje vocês têm	Acumularão R$ 100.000,00 após
R$ 1.000,00	38 anos e 7 meses
R$ 5.000,00	25 anos e 1 mês
R$ 10.000,00	19 anos e 3 meses
R$ 20.000,00	13 anos e 6 meses
R$ 50.000,00	5 anos e 10 meses

O terceiro ingrediente de nossa receita, **decisões inteligentes**, deve ser selecionado com muito cuidado. Ao longo do tempo, a propensão do casal a aceitar riscos em seus investimentos será menor. Esse é mais um motivo para começar cedo e aproveitar oportunidades de investimento de melhor resultado no longo prazo. Vejam como a tabela anterior muda se, em vez de 1% ao mês, vocês escolherem um fundo que pague 1,2% ao mês:

Se hoje vocês têm	Acumularão R$ 100.000,00 após
R$ 1.000,00	32 anos e 2 meses
R$ 5.000,00	20 anos e 11 meses
R$ 10.000,00	16 anos e 1 mês
R$ 20.000,00	11 anos e 3 meses
R$ 50.000,00	4 anos e 10 meses

Percebam que uma diferença aparentemente pequena pode representar anos a mais para se aposentar! Tomar decisões inteligentes significa tomar decisões bem embasadas, com conhecimento do assunto. Fugir das "dicas de Fulano", procurar entender o funcionamento da alternativa de investimento que vocês escolherem. Não basta perceber que um CDB pode ser um investimento melhor que a caderneta de poupança, é preciso entender que o CDB é a aplicação em um título do banco, que cada banco determina a taxa a pagar por seu CDB de acordo com o nível de relacionamento com seus clientes e que, com alguma negociação, é possível conseguir taxas melhores. É preciso comparar também as taxas dos CDBs oferecidos por diversos bancos. Se seu banco não alcançar a taxa que o banco vizinho lhes oferece, invistam neste último!

Decisões inteligentes são tomadas quando o investidor sabe em que está aplicando, que riscos o investimento oferece, que situações geram ganhos e quais geram perdas e, principalmente, quais são as alternativas mais rentáveis do mercado para o tipo de investimento escolhido. Os cadernos de finanças dos grandes jornais – sim, aqueles cadernos com páginas repletas de números bem pequenos que vocês nem sequer examinam – trazem comparações diárias entre os diversos investimentos oferecidos por diferentes bancos do mercado. Definições dos tipos de investimento – prefixados ou pós-fixados, renda fixa ou variável, multimercados, balanceados, *hedge,* FIF, FAQ e outros – são encontradas em diversos *sites* de finanças pessoais da internet. Vejam a relação de alguns deles no final do livro.

O importante é investir naquilo que se conhece. Talvez a caderneta de poupança seja uma alternativa razoável para começar a poupar, mas somente enquanto vocês não entenderem o funcionamento de um fundo de investimentos ou de um CDB. Busquem a informação, ela não custa quase nada! Se vocês não se sentem bem em investir numa instituição financeira, existem outras opções. Mesmo no mercado imobiliário, só ganha dinheiro quem tem informação, e quem conhece o mercado e aproveita as oportunidades, os bons momentos de compra e venda. Quem não se informa não toma decisões inteligentes.

Finalmente, o ingrediente que, quanto mais intenso, mais poderá gerar efeitos impressionantes sobre sua riqueza: **juros compostos**. Definindo de forma simples, juros compostos são obtidos quando é possível reinvestir os juros ganhos em uma aplicação, gerando em cada período renda sobre o dinheiro que se investiu e também sobre os juros que se acumularam até então. O efeito dessa acumulação é muito interessante quando se dispõe de um prazo longo ou de juros mais altos. Vejam o que acontece com R$ 1.000,00 quando aplicados por dez anos a diferentes taxas de juros:

Taxa de juros mensal	Poupança formada
1,00%	R$ 3.300,39
1,10%	R$ 3.716,54
1,25%	R$ 4.440,21
1,50%	R$ 5.969,32
2,00%	R$ 10.765,16
5,00%	R$ 348.911,99
10,00%	R$ 92.709.068,82

Percebam que o dobro de juros não forma o dobro de poupança, e sim muito mais que isso. É o fantástico efeito exponencial que proporciona uma aceleração incrível dos ganhos.

Ao contrário do que muitos pensam, juros compostos são obtidos em qualquer tipo de investimento, e não apenas naqueles que os bancos oferecem. Vejam a seguir um exemplo de investimento em imóveis.

O que não são juros compostos: comprar um imóvel e alugá-lo. Isso não é investir em imóveis, e sim restringir seus ganhos. A renda obtida pelo aluguel não pode ser usada para comprar mais imóveis, por isso grande parte dela é geralmente gasta. Se vocês comprarem um imóvel de R$ 50.000,00 e o alugarem, não ganharão mais que 0,8% do valor do imóvel (R$ 400,00) por mês. E sempre continuarão ganhando esse valor, apenas corrigido pela inflação. Sua riqueza não crescerá.

O que são juros compostos: aproveitar oportunidades de compra para gerar lucros e então usar a receita dos lucros para buscar novas oportunidades. Isso é possível com qualquer bem negociável, inclusive imóveis.

O grande exemplo que tenho de juros compostos com imóveis é o de um ex-aluno meu, José Renato. Certo dia ele chegou à aula – a disciplina era Mercado Financeiro – contando à classe seu sucesso no investimento em imóveis. Um ano antes, ele retirara R$ 50.000,00 de um bom fundo de ações para aproveitar uma ótima oportunidade. Um corretor amigo de seu pai lhe oferecera, por aquele valor, uma casa de cerca de R$ 70.000,00. O vendedor tinha urgência, não havia muito tempo para decidir. Ele comprou o imóvel e imediatamente o pôs à venda, mas sem a pressa do proprietário anterior. Vendeu-o três meses depois por R$ 65.000,00[25] *e aplicou o*

25. Já descontados impostos e custos.

dinheiro de volta no fundo de ações. Dois meses depois, o fundo não gerara bons resultados, o que levou José Renato a procurar o corretor que lhe negociara o imóvel na compra e na venda. Um mês depois, nova oportunidade: os R$ 65.000,00 compraram um pequeno apartamento que foi revendido quatro meses depois por R$ 75.000,00.

Entusiasmado com os resultados, José Renato se engajou em uma forte caça às oportunidades. No dia em que ele contava seu caso, acabara de adquirir de um herdeiro incauto, com seus R$ 75.000,00, uma casa bem conservada, avaliada pelo corretor em R$ 90.000,00. Não sei quanto tempo depois ele vendeu a casa. Mas sua estratégia é digna de ser citada como exemplo de bom uso de juros compostos, pois José Renato transformara R$ 50.000,00 em R$ 90.000,00 em apenas doze meses – uma rentabilidade acumulada de 80% em um ano!

O cultivo de bons contatos com corretores imobiliários trará maiores oportunidades de aproveitar as barganhas do mercado imobiliário. É comum encontrar imóveis a preços bem abaixo do mercado, geralmente vendidos por pessoas impacientes, como herdeiros desinformados e gente com problemas financeiros ou necessidade de mudança urgente. Com um pouco de paciência, é possível realizar margens bem superiores às que vocês obteriam no mercado financeiro. Basta ter interesse e procurar a informação que abrirá as portas para as oportunidades.

Vocês é que devem decidir-se pelo melhor investimento para seu caso com base no acesso a informações ou no prazer que terão em administrar a aplicação escolhida. Muitos não suportam entrar em uma imobiliária. Outros não se sentem bem em confiar seus recursos aos bancos. São escolhas pessoais, que trarão tanto mais riqueza quanto maior for o interesse do investidor por informação.

• *Quanto poupar por mês*

Quer vocês optem pelo investimento em imóveis, quer optem por qualquer outro ativo negociável, será necessário juntar uma primeira bolada de recursos e depois partir para o investimento escolhido. Dificilmente encontrarão alternativas de poupança mais práticas do que através de investimentos em uma instituição financeira. Precisarão de algum tempo e de certa disciplina. Se não puserem um plano em prática, provavelmente demorarão mais tempo para atingir seus objetivos. Há dois caminhos mais amplamente utilizados por poupadores para alcançar um objetivo de investimentos: o do valor mensal e o do percentual mensal.

O caminho do valor mensal. Vocês determinam uma meta de poupança a ser formada, estabelecem um prazo e, com base na rentabilidade obtida nos investimentos, chegam ao valor mensal a ser poupado. Baseada nesse valor, a missão de vocês será "espremer" o orçamento doméstico todo mês para que a quantia proposta para a poupança realmente sobre na conta.

Os cálculos de montagem dessa estratégia podem ser aprendidos em qualquer curso de Matemática Financeira. Para simplificar o trabalho e economizar o tempo de vocês, preparei uma tabela bastante prática que fornece o valor mensal a ser poupado para obter uma reserva de R$ 100.000,00.

Seu uso é muito simples. Vejam o número assinalado na tabela da página seguinte. Se vocês obtêm hoje 0,65% ao mês de rentabilidade líquida e desejam formar uma reserva de R$ 100.000,00 daqui a vinte anos, precisam poupar todo mês R$ 174,04 nesse mesmo investimento. Se a meta não for de R$ 100.000,00, e sim de R$ 200.000,00, será preciso poupar exatamente o dobro, ou seja, R$ 348,08. Se vocês têm pressa e não querem esperar vinte anos, e sim apenas dez, precisam aplicar R$ 552,73 por mês no mesmo investimento.

Prazo em anos	5	10	15	20	25	30	35	40
Taxa de juros/mês								
0,30%	1.523,66	693,55	419,80	285,11	206,00	154,65	119,11	93,41
0,35%	1.500,69	671,98	399,75	266,57	188,94	139,02	104,85	80,46
0,40%	1.477,97	650,91	380,41	248,96	173,00	124,67	92,00	69,03
0,45%	1.455,50	630,31	361,79	232,25	158,13	111,53	80,48	58,98
0,50%	1.433,28	610,21	343,86	216,43	144,30	99,55	70,19	50,21
0,55%	1.411,30	590,57	326,61	201,47	131,47	88,66	61,04	42,60
0,60%	1.389,57	571,42	310,05	187,35	119,59	78,79	52,93	36,01
0,65%	1.368,08	552,73	294,14	174,04	108,61	69,87	45,78	30,35
0,70%	1.346,84	534,52	278,89	161,50	98,50	61,84	39,50	25,50
0,75%	1.325,84	516,76	264,27	149,73	89,20	54,62	33,99	21,36
0,80%	1.305,08	499,46	250,27	138,67	80,66	48,16	29,19	17,85
0,85%	1.284,56	482,61	236,87	128,31	72,84	42,39	25,01	14,88
0,90%	1.264,28	466,20	224,07	118,61	65,69	37,24	21,39	12,37
0,95%	1.244,24	450,24	211,84	109,55	59,17	32,67	18,25	10,26
1,00%	1.224,44	434,71	200,17	101,09	53,22	28,61	15,55	8,50

Dois cuidados são imprescindíveis para o sucesso do plano:

1) Saber qual é a rentabilidade de seu investimento: a tabela funciona com rentabilidade líquida, ou seja, após o pagamento do imposto de renda e o desconto da inflação. Verifiquem se a rentabilidade do investimento que aparece em seu extrato bancário inclui ou não o imposto de renda pago. Depois de abater o IR, vocês devem subtrair a inflação mensal usando os índices mais comuns do

mercado (IGP-M ou INPC) ou um índice próprio de inflação, baseado na variação de seus custos fixos mensais.

2) Corrigir o valor mensal pela inflação: nunca se esqueçam de corrigir periodicamente pela inflação o valor mensal a ser poupado. Se isso não for feito, o dinheiro acumulado no futuro será aquele que vocês projetaram, mas a capacidade de compra dele – isto é, seu *valor* – será bem menor. A mesma inflação que vocês usam para "limpar" sua taxa de juros deve ser usada para aumentar o valor mensal a ser poupado.

Entendam a aplicação desses dois ajustes pelo exemplo abaixo:

Vocês decidem iniciar um projeto de aposentadoria para formar uma poupança de R$ 500.000,00 daqui a 25 anos. O fundo balanceado de vocês vem apresentando rentabilidade média de 1,2% ao mês após o desconto de impostos, mas antes de descontar a inflação mensal. Com base em uma inflação média de 0,5% ao mês, vocês concluem que a rentabilidade líquida do fundo é de 0,7% ao mês (resultante da rentabilidade média menos a inflação, ou seja, 1,2% - 0,5% = 0,7%). Pela tabela, precisariam aplicar R$ 98,50 mensalmente para obter, daqui a 25 anos, uma poupança de R$ 100.000,00 em seu fundo de investimentos. Como desejam R$ 500.000,00, precisarão poupar cinco vezes o número obtido na tabela, ou seja, R$ 492,50.

Esse é o valor que vocês decidem poupar a partir de hoje, e o fazem no primeiro dia do plano. Daqui a um mês, o valor terá de ser corrigido pela inflação. Supondo-se que esta seja de 0,5%, o valor a ser poupado será 0,5% maior que o do mês anterior, ou seja, R$ 494,96. Mantido esse cuidado, daqui a 25 anos vocês terão uma quantia de dinheiro suficiente para comprar o mesmo que R$ 500.000,00 compram hoje. Se a rentabilidade do fundo se mantiver em 0,7%, vocês terão uma renda garantida de 0,7% de R$ 500.000,00, ou R$ 3.500,00 limpinhos por mês.

O caminho do percentual mensal. Vocês determinam um percentual da renda mensal a ser poupado, sem prazo definido, até que atinjam a meta de recursos acumulados nos investimentos. Esse caminho é mais utilizado por profissionais que têm renda mensal bastante variada, como vendedores comissionados, profissionais liberais e autônomos.

Diversos livros de planejamento financeiro pessoal dizem que é preciso poupar certo percentual da renda, algo entre 10% e 15% do que se ganha todo mês. Sou contra trabalhar com números predefinidos, pois cada casal terá limitações, prazos e sonhos próprios. Um casal na faixa dos 50 anos de idade certamente não pretende esperar mais oitenta anos para se tornar financeiramente independente. Um casal jovem e sem filhos muitas vezes cria condições de poupar um percentual bastante significativo de sua renda. Um exemplo disso é um casal de amigos meus muito queridos, ambos com menos de 30 anos, sem filhos, que mora em um apartamento modesto mas confortável, tem um carro popular na garagem e muita disciplina em relação a férias. Eles conseguem poupar mensalmente cerca de 60% dos R$ 10.000,00 que ganham. Exagero? Não quando a meta é conquistar a independência financeira em apenas mais cinco anos.

A tabela da página ao lado mostra o percentual de renda que é preciso poupar, sabendo-se o prazo e os juros líquidos obtidos nos investimentos, para que, após esse período, a poupança total acumulada passe a gerar renda igual à que se tem hoje.

Percebam novamente a importância das decisões inteligentes, das boas escolhas na hora de selecionar seus investimentos. Se vocês se permitirem vinte anos de poupança para a aposentadoria, esta poderá custar 95% de tudo o que ganham se o dinheiro for mal investido (a 0,30% ao mês) ou apenas 10,11% de sua renda se, de forma agressiva e com boa pesquisa, vocês conseguirem 1% ao mês de rentabilidade.

Prazo em anos	10	15	20	25	30	35	40
Taxa de juros/mês							
0,30%			95,00%	68,70%	51,50%	39,70%	31,10%
0,35%			76,10%	54,00%	39,70%	30,00%	22,99%
0,40%		95,10%	62,24%	43,25%	31,17%	23,00%	17,26%
0,45%		80,40%	51,61%	35,14%	24,79%	17,89%	13,11%
0,50%		68,77%	43,29%	28,86%	19,91%	14,04%	10,04%
0,55%		59,38%	36,63%	23,90%	16,12%	11,10%	7,75%
0,60%	95,24%	51,67%	31,23%	19,93%	13,13%	8,82%	6,00%
0,65%	85,04%	45,25%	26,78%	16,71%	10,75%	7,04%	4,67%
0,70%	76,36%	39,84%	23,07%	14,07%	8,83%	5,64%	3,64%
0,75%	68,90%	35,24%	19,96%	11,89%	7,28%	4,53%	2,85%
0,80%	62,43%	31,28%	17,33%	10,08%	6,02%	3,65%	2,23%
0,85%	56,78%	27,87%	15,10%	8,57%	4,99%	2,94%	1,75%
0,90%	51,80%	24,90%	13,18%	7,30%	4,14%	2,38%	1,38%
0,95%	47,39%	22,30%	11,53%	6,23%	3,44%	1,92%	1,08%
1,00%	43,47%	20,02%	10,11%	5,32%	2,86%	1,56%	0,85%

A tabela supõe, de forma simplificada, que vocês tenham sempre a mesma renda, consigam a mesma taxa de juros nos investimentos e que, ao aposentar-se, melhorem seu padrão de vida, passando a usufruir os recursos antes utilizados para formar a poupança. Mas seu uso é simples. Vejam pelo exemplo assinalado e acompanhem o raciocínio:

Digamos que vocês tenham hoje uma renda de R$ 2.000,00 por mês, pretendam poupar recursos durante trinta anos e consigam no banco juros *líquidos de 0,65% ao mês. O objetivo é aposentar-se e manter o atual padrão de renda.*

Pela tabela, vocês têm de poupar 10,75% do que ganham hoje, ou seja, R$ 215,00 por mês. Põem o plano em prática, começam a investir mensalmente o valor proposto, corrigindo-o pela inflação. Após trinta anos, terão acumulado uma massa crítica equivalente a R$ 307.712,12 em valores de hoje.

Assim que completarem os trinta anos de poupança, será hora de abrir um champanhe, pois, se sua aplicação render os mesmos 0,65% mensais de juros, os ganhos sobre os R$ 307.712,12 serão de R$ 2.000,12. Portanto, seu patrimônio pessoal estará gerando a renda que vocês precisam para viver. Daí em diante, trabalho somente por prazer!

• *Quem pode ajudar*

Refiro-me com freqüência a bancos e outras instituições financeiras como o caminho para a construção da riqueza porque têm como objetivo a intermediação financeira. Os bancos tomam dinheiro emprestado de vocês – quando aplicam seu dinheiro a determinada taxa de juros – para poder emprestar a terceiros o dinheiro a eles confiado – quando vocês recebem um empréstimo a taxas de juros mais elevadas.

Saber usar bem um banco pode mudar completamente sua visão desse tipo de instituição. Os bancos serão os vilões da vida daqueles que aplicam seu dinheiro a juros baixos – comprando títulos de capitalização ou aplicando na caderneta de poupança, por exemplo – ou que, ao precisar de dinheiro, recorrem a alternativas escandalosamente caras, como o cheque especial. Os bancos não exploram o bolso de seus clientes. Talvez explorem sua ingenuidade, pois o mesmo banco que oferece um cheque especial também disponibiliza empréstimos pessoais. O mesmo gerente que tenta empurrar ao cliente um título de capitalização não lhe pode negar a oportunidade de investir em um fundo de ações ou no Tesouro Direto.

É como entrar em uma loja de automóveis. O vendedor tentará convencê-los a comprar aquele "mico" encalhado, em geral exposto bem na frente da loja. Se vocês forem razoavelmente críticos, perceberão que esse pode ser um mau negócio e analisarão alternativas que o vendedor guarda para os clientes mais especiais.

Vocês podem escolher não investir em bancos, mas em algum momento de sua estratégia de investimento o dinheiro passará por essas instituições. Após receber o pagamento de um grande negócio, não poderão manter o dinheiro parado esperando nova oportunidade de compra. Se vocês não conhecerem as melhores alternativas de investimento, perderão a chance de dar uma boa "fermentada" em seus recursos.

Corretoras de valores. Alguns investidores com mais experiência nem sequer deixam seus recursos em bancos. Investidores em ações recorrem a corretoras de valores para ajudá-los a analisar as melhores alternativas e para intermediar compras e vendas. Estão sempre de olho em ações de sua carteira de investimentos que apresentam risco, compradas em razão de um bom potencial de ganhos, e prontos para vendê-las. Depois de vendê-las, usam os recursos para comprar ações de empresas mais sólidas porém um pouco menos rentáveis, pois não trazem grandes surpresas quando publicam seus resultados.

Estas últimas, as chamadas ações *blue chips*, são aquelas que no longo prazo apresentam rentabilidades muito interessantes, recompensando a paciência de seus investidores. As ações mais arriscadas são aquelas que podem trazer ganhos bem maiores, mas também grandes perdas. Os investidores acabam gerando lucros em compras e vendas diárias dessas ações, ou seja, especulando sobre o que o mercado acredita que pode acontecer com os resultados dessas empresas. É um investimento para poucos.

Ações podem ser a alternativa de crescimento mais rápida para aqueles que aceitarem correr riscos. Por outro lado, podem também arruinar um futuro de sonhos se vocês investirem sem nenhum conhecimento ou com risco excessivo. Algumas regras que devem seguir para investir em ativos mais arriscados:

- Nunca ponham todos os ovos em uma única cesta. Em outras palavras, diversifiquem seus investimentos assim que puderem. A concentração é importante apenas para conseguir acesso aos melhores fundos. Depois disso, procurem estudar e entender novas alternativas.
- Não invistam em ações os recursos que podem fazer falta no curto ou no médio prazo.
- Consultem sempre um especialista antes de comprar ou vender ativos de risco. Se vocês não se sentem bem atendidos em sua corretora, partam para outra. Nunca comprem uma ação porque "ouviram dizer" que havia uma oportunidade. As melhores corretoras oferecem análises precisas das ações mais negociadas.
- A regra número 1 também vale para um caso específico. Resolveram investir uma parte de seu dinheiro (alguns de seus ovos) em ações? Nunca comprem apenas de uma empresa. Com a orientação de seu corretor, comprem ações de empresas diferentes que tendam a se equilibrar – quando a ação de uma cai, a outra sobe. Nem todas as empresas sobreviverão no longo prazo.

Consultores financeiros. Hoje em dia, bons consultores financeiros são capazes de orientá-los na composição ideal de sua carteira de investimentos. Saber quanto investir em ativos de risco e em ativos mais seguros – e menos rentáveis – não é complicado, mas depende muito do perfil do casal. Mais risco ou mais segurança? Isso vai depender de sua tolerância a perdas e do prazo disponível para enriquecer. Sugiro que, para acelerar o processo de formação de riqueza, uma parte de seus recursos seja investida em boas ações, a não ser que vocês tenham encontrado alternativa melhor.

• *Sua estratégia de investimento*

Diferentes fases da vida propiciam níveis distintos de propensão ao risco e diversos horizontes de necessidade de recursos. As dicas a seguir podem fazer toda a diferença em sua estratégia de investimento:

Solteiros: para aqueles que ainda vivem com os pais, o fato de não ter grandes compromissos fixos de gastos mensais pode mostrar-se uma grande oportunidade. Profissionais em começo de carreira não ganham muito, e obviamente grande parte da renda deve ser destinada a cursos e programas de formação que possibilitem o amadurecimento profissional e rápida ascensão na carreira. Mas essa é uma fase muito interessante para poupar uma parte, mesmo pequena, da renda mensal. Algo entre 5% e 10% dos ganhos totais talvez seja suficiente. São duas as razões para começar a poupar: nessa fase, o maior contato com o meio acadêmico amplia as fontes de informação (aproveitem para aprender sobre o mercado de capitais) e a falta de grandes compromissos financeiros fixos viabiliza o maior apetite pelo risco (aproveitem para investir em ações, entender os mecanismos de ganhos e perdas desse mercado e começar a gerar grandes lucros). Sugiro que uma parte significativa de seus investimentos se concentre nesse tipo de aplicação. Se houver grandes perdas, aproveitem-nas como aprendizado, entendam seus erros e revejam suas estratégias.

Casais sem filhos: já há compromissos financeiros fixos, por isso esse é o momento de traçar um plano de investimentos mensais e de começar a estabelecer limites para o risco. A união de forças deve permitir o acesso a investimentos mais rentáveis, mas não abram mão de conhecer mais o mercado de capitais. Considerem a estratégia de aplicar seus recursos em fundos mistos, que incluam participação significativa em renda variável (ações), ou apliquem pelo menos 25% de seu patrimônio em uma carteira selecionada de ações ou em investimentos de maior potencial de ganho. Esse é o momento de buscar ganhos maiores e aceitar um nível maior de risco. Assim que quitarem as dívidas do início da vida a dois, passem a economizar pelo menos de 10% a 15% do total de sua renda. Muitos casais não acreditam ser possível economizar tanto assim. Mas pergunto: o que vocês fariam se houvesse uma redução de 15% da renda familiar? Vocês não teriam de fazer os ajustes necessários para equilibrar o orçamento? Mesmo que isso seja desagradável, vocês teriam de aceitá-lo. Da mesma forma, economizar uma quantia similar não está além da capacidade da maioria das famílias. Normalmente é apenas uma questão de sacrificar-se um pouco e fazer as mudanças necessárias em seu estilo de vida.

Casais com filhos pequenos: a chegada dos herdeiros exige uma postura de investimentos menos agressiva e um novo planejamento financeiro para garantir fundos para a educação dos filhos. Deve-se diminuir o nível de risco da carteira focando mais em investimentos em renda fixa. Participações reduzidas em renda variável, investindo até 15% ou 20% do patrimônio em ações, são bastante razoáveis. Se as ações tiverem grandes perdas, será possível recuperar essa pequena fatia do capital em dois ou três anos, sem atrasar muito a aposentadoria. Investimentos em ativos fixos como imóveis (lembre-se dos juros compostos) podem ser uma boa alternativa dessa fase em diante. Se a poupança formada até então não for suficiente para garantir o estudo dos filhos na falta de um dos pais, será o momento de fazer um seguro de vida, um seguro-educação (como plano de previdência) ou um seguro-trabalho (para profissionais liberais).

Casais com filhos adolescentes: provavelmente essa é a fase de maiores gastos da família, quando planos de poupança para a educação atingem o ápice e começam a ser resgatados. O conservadorismo é fundamental nesse momento. Oportunidades de investimento na educação dos filhos podem surgir, e o que era uma carteira de investimentos financeiros pode tornar-se uma aplicação na carreira do filho, custeando, por exemplo, um curso de Inglês no exterior. A fase pede investimentos de resultados mais previsíveis. Ações, somente as de primeira linha.

Casais com filhos adultos: a maior independência dos filhos, somada à entrada deles no mercado de trabalho, proporciona folga maior ao orçamento familiar. Essa fase normalmente traz a possibilidade de agilizar a aposentadoria ou de aproveitar mais intensamente a vida – uma escolha pessoal. Como grande parte da massa crítica necessária à independência financeira já deve ter sido acumulada, pode-se diminuir sensivelmente o nível de risco. Não se deve investir mais do que 10% do patrimônio em ações, a não ser sob a supervisão de um bom gestor.

Casais financeiramente independentes: a independência financeira causa efeito quase mágico sobre as finanças da família. As mudanças são tão intensas que resolvi dedicar o capítulo 9 – "Administrando o sucesso de um plano" – inteiramente a esse tema.

Capítulo 8. Valores que devem ser construídos ao longo da vida

Vocês já devem ter percebido que uma das poucas coisas que podem impedi-los de tornar-se ricos é a sedução do dinheiro, a tentação de consumir e proporcionar a si mesmos um padrão de vida um pouquinho melhor do que aquele que vocês têm hoje. Realmente, é difícil resistir ao consumo, já que somos bombardeados por apelos de marketing 24 horas por dia. Mas a maioria de nossas ações de consumo decorre de escolhas, nossas ou de nossos filhos. Limitar o orçamento doméstico não significa deixar de consumir, e sim consumir dentro de limites. Diminuir 5% ou 10% o padrão de vida para poder mantê-lo permanentemente em vez de sofrer uma redução brusca de 30% ou 40% desse padrão quando chegar a velhice – isso vale a pena? Tenho certeza de que sim.

Alguns valores e pressupostos adotados nos momentos de decisão ao longo de nossa vida devem ser revistos. Vejam, nos tópicos seguintes, como a adequação da vida atual a um futuro mais próspero pode ser bem menos sofrida do que se supõe.

• *Como resistir à tentação de gastar*

De fato, gastar dinheiro dá um prazer enorme. Conheço pessoas que têm no orçamento pessoal um "fundo antidepressão": quando se sentem tristes, vão ao *shopping* gastar dinheiro, esbaldar-se em consumo. O pior é que isso funciona! Muitos não têm coragem de construir o orçamento doméstico justamente por medo de ficar deprimidos. É impressionante como as pessoas dependem do dinheiro para manter o equilíbrio mental! Nesse caso, um consultor financeiro pessoal acaba fazendo o papel de psiquiatra, como numa clínica para tratamento de dependentes de drogas.

Obviamente não haverá argumentos suficientes para convencer um dependente de que o futuro é tão importante quanto o presente. É preciso encontrar alternativas tão motivadoras quanto o consumo para resistir às tentações.

Eu me sirvo de duas fontes de motivação para manter meu orçamento na linha e lembrar-me de pensar duas vezes antes de comprar por impulso. A primeira delas é incluir em minha planilha pessoal de orçamento doméstico dois indicadores apaixonantes: quanto recebo de juros de meus investimentos e quanto falta para conquistar a independência financeira. Pode parecer pouco para quem nunca acompanhou esses indicadores, mas saber que a cada dia se fica mais rico e a independência financeira está cada vez mais próxima traz uma sensação de bem-estar impagável. Esses dois indicadores são motivo suficiente para que eu continue fiel a meus objetivos.

Se os números não mexem com seus impulsos, sugiro considerar a segunda fonte de motivação. Pensem em coisas que serão importantes para vocês no futuro. Quando estiverem velhinhos e rodeados de netos curiosos, será que aquela bolsa de marca famosa fará diferença? Será que o conjunto novo de rodas para o carro os tornará mais felizes? O jantar num restaurante caro será lembrado com maior freqüência que uma boa noite de sexo? Quantas coisas que vocês adoravam na adolescência já não são feitas? Por quê?

Faço questão de enfatizar a idéia de que as coisas mais importantes da vida são acessíveis a qualquer pessoa. Momentos únicos a dois, abraços carinhosos dos filhos, beijos apaixonados e intermináveis, caminhadas por lugares desconhecidos, horas de paz sem fazer nada em um local bucólico são prazeres simples, que nada custam e são deixados para trás – e por quê? A desculpa é a falta de tempo que o trabalho nos impõe. Sim, mas o trabalho nos rouba o tempo porque desejamos ter mais dinheiro. E desejamos ter mais dinheiro para poder consumir, para poder pagar aquela peça de teatro que estará em cartaz somente até esta semana, para assistir àquele espetáculo caríssimo, de apresentação única, ou para poder renovar o guarda-roupa (já que a moda mudou). Gastamos o pouco tempo que temos em consumo porque todo o tempo restante é dedicado ao pagamento do tempo de consumo. Não há lógica!

Vocês começarão a enriquecer mais rapidamente quando perceberem a importância das coisas que não custam nada. Deixem para depois as tardes de compras, gastem o tempo em tardes de paixão. No mínimo, aquela renda que parecia insuficiente passará a garantir uma poupança mensal. E a poupança permitirá que, em breve, haja tempo tanto para consumir quanto para amar.

• *Adeus, rotina*

Uma das causas da queda da qualidade no relacionamento do casal é a rotina. Ela é inevitável após vários anos de convívio por duas razões bastante simples: as diferenças pessoais não são mais novidade. No começo do relacionamento, a paixão é alimentada por essas diferenças. A novidade abre as portas para um mundo mais amplo e crescemos com a relação. Com o tempo, alguns hábitos que não agradam ao parceiro são abandonados e os diversos hábitos tolerados convergem para uma "zona de conforto", tornando-se comuns. A pessoa amada deixa de ser novidade em nosso mundo.

Na época do namoro, grande parte de nossa renda – não importa se mesada, bolsa-estágio ou salário – é gasta com a conquista ou com nossos hábitos sociais e de lazer. Esses hábitos constituem a "novidade" para a pessoa amada. Nós nos apaixonamos por aquilo que a pessoa é e pela maneira como vive. Com o tempo e o casamento, as responsabilidades aumentam e o orçamento fica bem mais apertado. Não sobram muitos recursos para o que não é essencial, e desse fato decorre a rotina. Rotina que não é associada necessariamente ao casamento, e sim à restrição de hábitos prazerosos.

Muitos responsabilizam a pessoa amada pela rotina, quando na verdade isso pode ser conseqüência da falta de planejamento. E um bom planejamento financeiro pode diminuir bastante a rotina do casamento. Como? O que vocês acham de incluir, entre os gastos essenciais do mês, uma verba para sair da rotina?

Chamo essa verba de **finanças da reconquista diária**. Não é preciso contar com grandes quantias. Na fase de namoro, pouco dinheiro e muita criatividade certamente traziam momentos muito especiais. Tampouco é preciso perder horas imaginando alguma coisa criativa. Até mesmo a rotina pode ser "sem rotina". Alguns de meus amigos cultivam a rotina de, toda semana, conhecer um bar ou restaurante diferente. Outros têm a rotina de, a cada dois meses, viajar para algum lugar que não conhecem durante um fim de semana. Vocês podem criar a rotina de, toda semana, preparar juntos um novo prato na cozinha.

Essas constantes renovações, que talvez não custem muito, podem renovar diariamente o namoro de vocês. Considerar essa meta no planejamento financeiro é uma forma de motivar-se para reconquistar um ao outro. Na pior das hipóteses, os recursos se acumularão durante um ano para garantir férias muito especiais. Invistam em si mesmos!

• *Sonhos de consumo*

Tenho insistido com certa freqüência neste livro no fato de que o consumo e um padrão de vida além de nossas posses são o motivo do insucesso financeiro. Penso que os sonhos de consumo não devem ser abandonados, e sim adiados até que tenhamos reservas financeiras suficientes para poder pagá-los sem riscos.

Alguns objetivos de consumo, porém, são questionáveis. No capítulo 3, discuti alternativas ao sonho de comprar um carro luxuoso. Outro luxo que pode levar uma família à ruína se for mal planejado é a aquisição de uma casa de veraneio na praia ou no campo. Quando a renda aumenta um pouco e nos encantamos com a idéia de "subir um degrau" no padrão de vida, dificilmente pensamos em um projeto como esse de forma racional. Mesmo que pessoas muito queridas forneçam todos os argumentos contra tal projeto, as palavras de um corretor – treinado para nos persuadir – parecem muito mais convincentes que todas as horas de discussão que antecedem uma visita ao estande de vendas.

Por isso, muitos esquecem detalhes importantes de uma aquisição desse tipo. Consideram apenas o valor de aquisição, mas não somam os gastos com decoração, condomínio, manutenção, impostos e segurança. Consideram os prazeres de um fim de semana ensolarado, mas esquecem o desprazer de perder esse mesmo fim de semana atrás de um eletricista porque o tempo ruim prejudicou as instalações elétricas ou atrás de um limpa-fossas porque a "coisa" transbordou. Sem contar o fato de que, com o tempo, os filhos crescem e não querem mais ir ao tal sítio.

Não tenho como objetivo desestimulá-los de adquirir uma segunda nem uma terceira propriedade, mas é conveniente lembrá-los de que o valor dessa propriedade – mais os custos de manutenção – pagaria férias fantásticas, talvez com freqüência maior do que o usufruto da casa e sem preocupações com reparos nem limpeza.

Esse tipo de investimento somente se justifica em situações de intenso aproveitamento. Se vocês gostam de receber amigos e parentes com freqüência, adoram trazer para casa as pessoas próximas em festas e celebrações ou pretendem ter um lugar para efetivamente morar nos fins de semana, talvez seja uma boa idéia investir em seu "cantinho" – desde que ele caiba em seu orçamento sem comprometer o projeto de independência financeira.

O mesmo vale para qualquer aquisição cujo efetivo aproveitamento seja duvidoso. Pagar caro por uma roupa de festa para usá-la não mais que duas ou três vezes? Optem por alugá-la. Adquirir o título de um clube sem a certeza de desfrutá-lo? Pensem duas vezes. Esbarramos em armadilhas financeiras como essas diariamente. Não façam grandes negócios sem antes pensar alguns dias nos custos e nos benefícios.

• *Paguem-se primeiro*

Acredito que todos os livros sobre finanças pessoais ou planejamento financeiro pessoal tenham em comum pelo menos duas regras: nunca ponham todos os ovos em uma única cesta e paguem-se primeiro.

A primeira diz respeito à diversificação dos investimentos. Tratei disso no capítulo anterior. Se vocês investirem em algo que oferece certo nível de risco, invistam também em ativos que possam compensar eventuais perdas. Não existe situação no mercado financeiro em que todos perdem. Quando muita gente perde dinheiro, poucas pessoas estão ganhando muito. Diversifiquem para diminuir o risco de sua carteira de investimentos.

A segunda regra, paguem-se primeiro, diz respeito a uma filosofia de vida. Muito cuidado com sua interpretação. Alguns entendem que essa regra diz que, para ser feliz, é preciso gastar com a satisfação pessoal antes de cumprir outros compromissos financeiros. É a filosofia dos eternamente endividados, uma forma completamente errada de pagar a si mesmo em primeiro lugar. "Paguem-se primeiro" diz respeito ao compromisso com um planejamento para garantir um futuro sem dificuldades financeiras e fazer o possível e o impossível para que o plano seja cumprido. Se vocês assumiram o compromisso de poupar certo valor todo mês, esse deve ser o primeiro dinheiro a sair de sua conta quando receberem o salário. Se o custo de vida aumentou, terão de apertar o cinto para pagar as demais contas. Se isso for difícil, optem por ter parte do salário (vocês decidem quanto) automaticamente debitada da conta-corrente e depositada no investimento escolhido. Seu banco pode fazer isso por vocês, chama-se investimento programado. É fácil, conveniente e ajuda a manter a disciplina.

Se vocês planejarem o futuro e assumirem o sério compromisso de pagar-se primeiro, esse futuro será uma deliciosa continuação da sensação de segurança do presente. Algo que, no Brasil, ainda é prerrogativa de poucas pessoas bem informadas. Vocês, queridos leitores, também podem fazer parte desse seleto grupo privilegiado.

Muitos responsabilizam a pessoa amada pela rotina, quando na verdade isso pode ser conseqüência da falta de planejamento. E um bom planejamento financeiro pode diminuir bastante a rotina do casamento. Como? O que vocês acham de incluir, entre os gastos essenciais do mês, uma verba para sair da rotina? Chamo essa verba de finanças da reconquista diária.

Capítulo 9. Administrando o sucesso de um plano

Já afirmei que a etapa mais difícil do planejamento financeiro é o começo. Deixar a acomodação de lado, montar um orçamento, fazer e refazer os cálculos iniciais toma tempo e, para muitos, não são atividades interessantes.

Depois vem uma fase quase tão difícil quanto a primeira: conseguir motivação para continuar o plano. Nessa fase, a impressão que temos é de que deixamos no banco um dinheiro que nos faz muita falta no fim do mês, e os resultados não aparecem. Vejam como se comporta o saldo final de sua conta nos primeiros seis meses de um investimento mensal de R$ 100,00 a juros de 1% ao mês. Vocês depositam R$ 100,00 hoje e os extratos mostram o seguinte:

Meses de aplicação	Total aplicado	Juros ganhos	Saldo final
1	R$ 100,00	R$ 1,00	R$ 101,00
2	R$ 200,00	R$ 3,01	R$ 203,01
3	R$ 300,00	R$ 6,04	R$ 306,04
4	R$ 400,00	R$ 10,10	R$ 410,10
5	R$ 500,00	R$ 15,20	R$ 515,20
6	R$ 600,00	R$ 21,35	R$ 621,35

É desanimador, pois muitos pensam da seguinte forma: "Puxa, deixamos de aproveitar R$ 100,00 de nossa renda durante seis meses para, nesse tempo todo, ganhar apenas R$ 21,35?" Parece não valer o esforço.

Mas, se vocês continuarem a simulação durante alguns anos, terão os seguintes saldos lá pelo décimo ano:

Meses de aplicação	Total aplicado	Juros ganhos	Saldo final
119	R$ 11.900,00	R$ 11.003,87	R$ 22.903,87
120	R$ 12.000,00	R$ 11.233,91	R$ 23.233,91
121	R$ 12.100,00	R$ 11.467,25	R$ 23.567,25

Na data 120, em que o plano completará dez anos, vocês terão aplicado R$ 12.000,00 (120 x R$ 100,00), mas o saldo será de R$ 23.233,91, ou seja, só de juros haverá R$ 11.233,91 acumulados, mais de R$ 1.000,00 por ano. Ainda é pouco para motivar? Vejam o efeito após mais alguns anos:

Meses de aplicação	Total aplicado	Juros ganhos	Saldo final
240	R$ 24.000,00	R$ 75.914,79	R$ 99.914,79
360	R$ 36.000,00	R$ 316.991,38	R$ 352.991,38
480	R$ 48.000,00	R$ 1.140.242,02	R$ 1.188.242,02

Superada a etapa da motivação, vem a terceira fase: a do amadurecimento. Após alguns anos de implementação do plano, parece que as energias positivas do universo convergem para facilitar seu caminho. A rentabilidade de seus investimentos aumenta tanto em razão da maior massa de recursos acumulada quanto por sua maior experiência e capacidade de selecionar investimentos. Uma boa massa de recursos poupados ainda abre espaço para aproveitar oportunidades de investimento em imóveis ou em qualquer ativo que possa ser adquirido a preço mais baixo que o de revenda. Quanto mais dinheiro vocês tiverem, mais rapidamente ele crescerá.

Quando finalmente chega a fase da independência financeira, a relação do casal com seu dinheiro é de absoluta tranqüilidade. Anos de esforço são recompensados com uma sensação magnífica. Antes da independência, passamos a vida restringindo o orçamento para garantir o sucesso de nosso plano. A mudança que ocorre em seguida é marcante.

Percebam o que acontece quando o plano é concluído: vocês tinham uma renda que, provavelmente, continua existindo. Antes, porém, destinavam uma fatia da receita aos investimentos, mas agora não há mais necessidade desse sacrifício, pois os investimentos já rendem tanto quanto ou até mais que a renda obtida do trabalho. Na verdade, vocês passam a receber dois salários: um do trabalho e outro do banco – ou de onde quer que seu dinheiro esteja. Nessa situação, cria-se um ciclo de prosperidade: se não deixarem de trabalhar, sua fortuna continuará crescendo em ritmo intenso. Há algumas alternativas a seguir:

1) Vocês podem parar de trabalhar e começar a viver apenas da renda de seus investimentos.
2) Vocês podem continuar trabalhando, agora por absoluto prazer – não mais por necessidade de renda. Aos poucos, podem melhorar o padrão de vida à medida que os juros líquidos de seus investimentos aumentam mês a mês.
3) Vocês podem aplicar parte dos recursos poupados na abertura de um negócio próprio e deixar de vez de ser empregados. Uma empresa é uma forma de investimento que, uma vez bem administrada, também gera renda para a família.
4) Se não estiverem satisfeitos com o nível de risco de seus investimentos, vocês podem converter parte dos recursos em bens que

gerem renda regular na conta-corrente, adquirindo imóveis comerciais para alugar a terceiros, por exemplo. Em alguns casos, perde-se em eficiência financeira, mas ganha-se em segurança. Vale destacar que, hoje em dia, um número cada vez maior de aposentados investe no mercado de capitais para manter um padrão de vida melhor.

Seja qual for a alternativa escolhida, certamente qualquer uma delas é capaz de trazer a sua família uma realidade bem diferente daquela que milhões de idosos vivem hoje no Brasil. São conseqüências de uma vida bem vivida, mas planejada. Não vale a pena?

• *O que é um aposentado*

Quando, no final do capítulo 7, eu mencionei um casal financeiramente independente na seqüência de um casal com filhos adultos, talvez tenha deixado a impressão de que a independência financeira deva vir nessa ordem, com a terceira idade. Quero enfatizar algo que disse antes: **nem a independência financeira nem a aposentadoria estão relacionadas à idade.**

Se vocês tiverem boas oportunidades de ganhos ainda jovens e forem disciplinados no começo da vida a dois, poderão conquistar bem cedo a independência financeira. Conheço pessoas financeiramente independentes com menos de 30 anos de idade. Obviamente, essa felicidade é para poucos e depende de fatores tão diversos quanto o sucesso profissional, a herança da família e o padrão de vida escolhido.

Mas será que um casal financeiramente independente pode ser considerado "aposentado"? Em termos legais, não. Para ser considerado aposentado e se beneficiar dos direitos exclusivos dessa categoria, um indivíduo precisa ter o tempo mínimo de contribuição à Previdência Social e ainda atingir a idade mínima. Os direitos exclusivos dos aposentados no Brasil, porém, não são grande coisa, e o fato de ser aposentados no papel não livra nossos velhinhos da necessidade de trabalhar para sustentar o lar.

Eu me dou ao luxo de usar o termo "aposentado" para falar daqueles que podem deixar de trabalhar – se quiserem. Ninguém está em condições mais dignas de "vestir o pijama" que aqueles que conquistam a independência financeira. Por isso podemos dizer que perseguir essa meta é o mesmo que planejar uma aposentadoria digna, coisa ainda rara entre as pessoas honestas de nossa terra.

Aposentadoria não é sinônimo de estagnação. A evolução da medicina e a melhora da qualidade de vida da população estão elevando rapidamente a expectativa de vida. As projeções do IBGE de agosto de 2004 indicam que a expectativa de vida média do brasileiro deverá chegar aos 81 anos em 2050. Isso significa que um cidadão de classe média, com acesso a planos de saúde, bons médicos e medicamentos e boa alimentação, poderá chegar facilmente aos 100 anos em meados deste século.

Aposentar-se significa pensar em acomodação? Definitivamente não. Significa talvez fazer aquela faculdade da qual se abriu mão ainda jovem e seguir uma carreira pela qual se tenha verdadeira paixão – quantos não escolhem sua carreira apenas pelas possibilidades de ganho? Significa talvez dedicar mais tempo aos *hobbies* que foram abandonados nos últimos anos. Significa trabalhar com uma postura mais profissional e menos submissa, sem medo de perder o emprego. Significa poder dar-se ao luxo de viajar e conhecer o mundo com mais freqüência. Significa poder deixar o trabalho por um ou dois semestres para dedicar-se a um período sabático[26].

---

26. Período de introspecção em que as pessoas, geralmente executivos, resolvem fazer uma pausa para pôr em dia tudo o que acumularam nos últimos anos, de livros não lidos à reaproximação de amigos e da família. Um de meus mestres mais queridos me deu a definição perfeita do termo: é o período em que se vive como se todos os dias fossem sábado.

A última coisa que deve passar pela cabeça de vocês quando pensarem em aposentadoria é parar de trabalhar. O trabalho é importante e enobrece, além de evitar uma aposentadoria que ninguém deseja: a da mente. Podem, sim, parar de trabalhar para dedicar-se a outras coisas, manter-se ativos. Pensem na aposentadoria como uma oportunidade de crescer. Pensem na aposentadoria como a oportunidade de dividir um pouco de suas conquistas com quem jamais terá tamanha felicidade. Pensem em trabalhos voluntários, que, ao contrário de pagar pelo bolso, pagam pelo coração.

Aposentar-se, em finanças pessoais, significa, portanto, atingir uma segurança financeira que lhes permita viver a vida como vocês gostariam. Talvez até trabalhando muito.

Uma estratégia para quem chegou lá

Ter em mãos dinheiro mais do que suficiente para viver é um sonho de todos nós, a solução da maioria de nossos problemas. Concordam? Cuidado, essa solução pode ser apenas aparente! Muitos premiados pela loteria, bem como astros da televisão e do cinema e esportistas que acumulam fortunas, perdem todo o patrimônio em poucos anos. O motivo é a falta de percepção de que a parte útil do dinheiro é a renda – os juros, e não a massa acumulada.

Quem tem a felicidade de atingir a independência financeira e ainda continuar trabalhando pode sentir-se meio desorientado com a sensação de ter duas rendas, principalmente se chegou a esse ponto mantendo um padrão de vida menor que o salário mensal. Imaginem, por exemplo, que vocês ganham R$ 2.000,00 mensais. Como proceder quando seus investimentos passarem a gerar também R$ 2.000,00 mensais de juros?

Obviamente, vocês não devem elevar o padrão de vida para R$ 4.000,00, pois seriam obrigados a reduzi-lo pela metade quando, mais à frente, deixassem de trabalhar. O certo é continuar poupando, mas a mecânica da poupança mudará sensivelmente. Ao atingir a independência financeira, vocês devem passar a retirar o rendimento líquido de suas aplicações e investir o dinheiro do salário.

A partir de então, o salário existiria apenas pelo prazer do trabalho e seria usado para engordar a massa de investimentos se totalmente aplicado. A cada mês de salário, o patrimônio de vocês aumentaria um pouco, gerando mais renda para o mês seguinte. Então, sim, poderiam consumir tranqüilamente todo o rendimento líquido de impostos e inflação. Se resolvessem parar de trabalhar, não sofreriam queda de renda, pois a massa crítica estaria preservada. Não é maravilhoso sonhar com a hipótese de chegar a um ponto em que o padrão de vida cresce mensalmente?

• *Administrando o que fica*

Muitos de meus leitores questionam minha teoria de formar uma massa crítica capaz de gerar renda infinita. "E o dinheiro poupado, fica para quem?" é uma das perguntas que ouço com maior freqüência. Obviamente, deixar como herança uma poupança que gere renda é uma alternativa a deixar posses materiais. Uma das principais fontes de oportunidade do mercado imobiliário são os herdeiros que, após a conclusão do inventário, rapidamente se desfazem de propriedades de família. Há até, infelizmente, corretores imobiliários inescrupulosos que freqüentam velórios e apresentam-se como amigos dos falecidos apenas para criar a oportunidade de oferecer um cartão e abrir as portas a futuros negócios. Propriedades herdadas são em geral vendidas a preços baixos devido à urgência de cobrir dificuldades financeiras dos herdeiros ou para "partir o bolo" sem maiores sofrimentos.

Quando os investimentos de família são amplamente discutidos entre pais e filhos, isso normalmente não acontece. Mas, se os pais resolverem deixar uma poupança em vez de bens, os resultados poderão ser bem mais satisfatórios se a visão de independência financeira for compartilhada entre todos. Em lugar de deixar bens (e todos os gastos que vêm com eles – impostos, manutenção e condomínio, entre outros), os pais deixam uma fonte de renda aos herdeiros. Talvez antecipem em vários anos a aposentadoria dos filhos.

Tenham em mente o fato de que uma boa quantia no banco rende juros volumosos, em geral maiores que os de um imóvel de mesmo valor renderia de aluguel ou uma fazenda traria como retorno com sua atividade. Em vez de legar como herança a seus filhos bens imobiliários de difícil negociação, por que não aceitar a idéia de lhes passar uma renda e uma boa educação financeira?

O argumento de muitos que não poupam é de que dinheiro no banco não está seguro. Não compartilho essa opinião, mesmo porque o Banco Central do Brasil e o da maioria dos países adotou normas de funcionamento para os bancos que praticamente eliminam o risco de quebra[27]. Existem, porém, outras formas de fazer o dinheiro crescer. Seja comprando e vendendo bens de valor, seja abrindo um negócio próprio, qualquer forma de multiplicação do dinheiro requer algum dinheiro. E vocês só o terão para investir se começarem a poupar hoje.

O planejamento financeiro em família pode garantir a perpetuação da riqueza. Para isso, é preciso oferecer aos filhos uma boa educação financeira, incentivá-los a investir e compartilhar com eles planos, objetivos e sucessos de investimento.

Talvez nem todos os filhos absorvam o conhecimento financeiro da mesma forma, o que pode gerar nos pais certo receio de que uma herança desapareça rapidamente. Há meios de prevenir isso. A forma mais simples de garantir que os desejos dos pais em relação ao futuro financeiro dos filhos sejam efetivados é através da consecução de um testamento. Esse assunto não é amplamente tratado na mídia nem nas rodas de conversa porque muito poucas famílias brasileiras concretizam o sonho de deixar fortunas aos herdeiros. Mas nosso amadurecimento em relação à importância de garantir um bom padrão de vida na velhice está construindo uma geração mais rica nos próximos anos. Em países cuja renda *per capita* e poupança média são significativamente maiores que as brasileiras, programas de computador específicos para a elaboração de testamentos são *best-sellers* nas prateleiras de lojas de informática. Conversem com seu advogado sobre esse assunto.

Em situações em que a poupança acumulada ultrapassa o valor suficiente para garantir um padrão de vida mediano à família e aos herdeiros, recomenda-se a gestão terceirizada do patrimônio. Hoje há grande difusão de empresas especializadas na análise dos investimentos familiares,

---

27. O Banco Central do Brasil disponibiliza em seu *site* (www.bcb.gov.br) informações sobre os Princípios da Basiléia, que norteiam a supervisão bancária eficaz adotada no Brasil.

na construção de uma carteira de investimentos adaptada à aversão pessoal ao risco e na recomendação de investimentos adequados aos objetivos familiares. Normalmente esse serviço é oferecido a famílias que já têm alguma poupança formada, pois é cobrado com base num percentual do patrimônio. Como nos fundos, quanto maior o patrimônio menor será o percentual cobrado.

No caso de fortunas que abrangem investimentos no exterior ou cujo patrimônio soma alguns milhões, recomenda-se um passo além. Muitas famílias constituem fundações, ou trustes, tornando seus membros cotistas da riqueza em vez de donos de todo o dinheiro. A diferença pode parecer sutil, mas traz implicações tributárias bastante significativas. Quando em vida, os pais são donos das cotas de seus investimentos, cuja gestão e distribuição de resultados são reguladas por contrato assinado entre os cotistas. Todas as movimentações são feitas através de gestores profissionais, e alterações do contrato de gestão se realizam por consenso ou votação entre os cotistas ou seus procuradores. Quando um dos cotistas morre, seus herdeiros legais dividem suas cotas. Como a riqueza é da fundação e as cotas possuem valor contratual simbólico, a tributação sobre a herança de bens é reduzida. Vale a pena pensar no assunto.

• *Não querem – ou não precisam – deixar herança*

Existe também a possibilidade de não haver desejo de deixar herança. Talvez porque os filhos não façam por merecer, talvez porque tenham tido a felicidade de construir um padrão de vida muito melhor que o dos pais ou porque estes não conseguiram acumular poupança suficiente para sua independência financeira. Hoje em dia também são comuns os casais que não têm filhos.

Nesses casos, quanto gastar por mês para que as reservas não sobrem? Infelizmente não há resposta perfeita a essa pergunta. Mas é possível diminuir as chances de erro. Digamos que um casal tinha como meta acumular uma poupança capaz de gerar uma renda mensal de R$ 2.000,00. Hoje, porém, eles estão com 80 anos, sem vontade de continuar trabalhando e com uma poupança acumulada de R$ 200.000,00 aplicados em um investimento que rende, após desconto de imposto de renda e inflação, 0,6% ao mês – isto é, R$ 1.200,00 líquidos. Se quisessem perpetuar a renda, não poderiam sacar mais de R$ 1.200,00 por mês. Mas, como desejam consumir a poupança, podem sacar mais.

O segredo é estabelecer um prazo para o uso do dinheiro e dividir a poupança em prestações iguais. Que prazo? Sugiro fortemente que o casal suponha que viverá pelo menos até os 100 anos – afinal, já existem mais de 25 mil brasileiros acima dessa idade. A taxa de juros considerada deve ser livre de inflação, e no valor calculado hoje devem ser incluídos os efeitos da inflação até que a poupança acabe.

O cálculo exige, mais uma vez, conhecimentos de matemática financeira. Por isso elaborei a tabela da página ao lado, que funciona de maneira muito simples: a intersecção da linha da taxa de juros dos investimentos e da coluna da idade mostra o percentual que deve ser sacado hoje para que a poupança dure até os 100 anos de idade. Todo mês será preciso corrigir o valor obtido pela inflação para manter o poder de compra. Aproximadamente aos 100 anos a poupança será zerada.

No exemplo do casal de 80 anos que citei, o investimento de R$ 200.000,00 gera renda perpétua de R$ 1.200,00. Mas a tabela mostra que, para que a poupança, que cresce 0,6% ao mês, dure dos 80 aos 100 anos de idade, o casal terá de sacar valor equivalente, na data de hoje, a 0,7873% dessa poupança. Isso significa R$ 1.574,60[28], ou R$ 374,60 a mais que a renda infinita de R$ 1.200,00. Daqui em diante, eles poderão sacar todo mês esse valor corrigido pela inflação. Se, com a orientação de um especialista, conseguissem uma rentabilidade de 0,65% ao mês,

---

28. Resultado do cálculo: R$ 200.000,00 x 0,007873 = R$ 1.574,60.

Idade	60	65	70	75	80	85	90	95
Taxa de juros/mês								
0,30%	0,3934%	0,4191%	0,4546%	0,5060%	0,5851%	0,7198%	0,9935%	1,8237%
0,35%	0,4305%	0,4549%	0,4890%	0,5389%	0,6166%	0,7498%	1,0220%	1,8507%
0,40%	0,4690%	0,4920%	0,5247%	0,5730%	0,6490%	0,7804%	1,0509%	1,8780%
0,45%	0,5090%	0,5305%	0,5615%	0,6081%	0,6823%	0,8118%	1,0803%	1,9055%
0,50%	0,5502%	0,5702%	0,5996%	0,6443%	0,7164%	0,8439%	1,1102%	1,9333%
0,55%	0,5926%	0,6110%	0,6387%	0,6815%	0,7515%	0,8766%	1,1406%	1,9613%
0,60%	0,6360%	0,6529%	0,6788%	0,7196%	0,7873%	0,9100%	1,1714%	2,9896%
0,65%	0,6803%	0,6958%	0,7199%	0,7586%	0,8240%	0,9441%	1,2027%	2,0181%
0,70%	0,7255%	0,7395%	0,7618%	0,7985%	0,8615%	0,9789%	1,2345%	2,0468%
0,75%	0,7714%	0,7840%	0,8046%	0,8392%	0,8997%	1,0143%	1,2668%	2,0758%
0,80%	0,8178%	0,8292%	0,8482%	0,8807%	0,9387%	1,0503%	1,2995%	2,1051%
0,85%	0,8649%	0,8750%	0,8924%	0,9228%	0,9783%	1,0869%	1,3326%	2,1346%
0,90%	0,9124%	0,9214%	0,9372%	0,9657%	1,0186%	1,1241%	1,3662%	2,1643%
0,95%	0,9603%	0,9683%	0,9827%	1,0092%	1,0595%	1,1618%	1,4002%	2,1942%
1,00%	1,0085%	1,0155%	1,0286%	1,0532%	1,1011%	1,2002%	1,4347%	2,2244%

o valor que poderiam sacar hoje seria de 0,8240% do patrimônio, ou R$ 1.648,00. Um cuidado maior com a rentabilidade dos investimentos pode significar o pagamento de algumas contas do mês!

Se o casal realmente não pretende deixar recursos para os herdeiros, há ainda a possibilidade de doação. Tudo o que foi escrito até agora vale também para doações. Uma fortuna em ativos financeiros será muito bem recebida por instituições sérias e organizadas, que saberão usar seu caixa em prol de uma causa maior.

Capítulo 10. A riqueza como objetivo de vida

O planejamento financeiro, as orientações sobre a forma de lidar com o dinheiro e as dicas de economia doméstica que ofereço neste livro têm certamente o objetivo de fazer de vocês um casal mais rico e com menos problemas ao longo da vida. Não quero, porém, criar a ilusão de que o enriquecimento ocorrerá por um caminho sem dificuldades.

Sempre haverá dúvidas, vocês terão frustrações com algumas perdas, seu plano precisará ser revisado algumas vezes durante a vida, e talvez em algumas dessas revisões terão de adiar seus objetivos por alguns meses ou anos. Todavia, quanto mais cuidadoso for o planejamento tanto menor será o sofrimento causado por situações indesejáveis.

Se perderem dinheiro com algum investimento, isso será triste. Será pior, porém, se um dos dois pensava em investir e o outro preferia usar esses recursos em consumo: "Deixamos de viajar para você aplicar essa quantia em ações e agora me diz que perdemos dinheiro...".

Se algum dia tiverem uma discussão áspera por erros de planejamento financeiro, parabéns. Não existe relacionamento sem pequenos conflitos. Se a razão do conflito for a busca de acordo em relação a um futuro melhor, ótimo. Ambos estão lutando por maior convergência. Esse tipo de conflito é muito melhor que o conflito cotidiano ligado ao dinheiro, quando cada um se propõe objetivos completamente diferentes, criando-se uma luta em razão dessa divergência.

O ponto é: **a busca de um futuro financeiramente estável e seguro traz paz.** É como ter uma garantia por trás de cada decisão que tomamos. Talvez não vivamos tempo suficiente para atingir nossos objetivos, mas teremos vivido felizes por levar uma vida motivada por objetivos. Isso faz toda a diferença.

• *Tempo e recursos limitados: desistimos da idéia de enriquecer?*

Alguns leitores podem sentir-se frustrados com algumas passagens deste livro nas quais demonstro simulações e apresento tabelas. Vocês não devem desanimar se, com os recursos disponíveis mensalmente, após espremer ao máximo o orçamento, os prazos para atingir os objetivos parecerem longos demais ou os juros necessários parecerem inacessíveis. Esbocem seu plano e ponham-no em prática na medida do possível.

Talvez vocês não tenham condições de obter a independência financeira dentro de um prazo razoável. Não importa, persigam o sonho. Se conseguirem garantir que uma parte significativa de seus gastos mensais atuais seja coberta por recursos próprios, esse já será um peso a menos nas costas ao longo da vida.

Parte de sua renda futura será custeada pela Previdência Social se contribuírem regularmente. Uma parte mínima, mas isso é melhor que nada. Não contem com avanços nessa área. Talvez encontrem alguma atividade prazerosa e remunerada na velhice, é uma questão de se preparar para isso – da mesma forma que nos preparamos para entrar no mercado de trabalho. Pode ser um caminho.

A perda do emprego ou a aposentadoria formal trazem algum fôlego para as reservas de recursos na forma de eventuais indenizações, bonificações ou através do Fundo de Garantia por Tempo de Serviço (FGTS). Mesmo antes de deixar de trabalhar, a poupança acumulada até então, qualquer que seja o valor, já será um colchão de segurança contra o desemprego, uma fonte de tranqüilidade. A garantia de que não faltarão teto nem comida para a família, de que não será preciso tirar os filhos da escola e de ter recursos para procurar emprego sem desespero é apenas uma questão de tomar uma atitude hoje.

• *Acidentes no meio do percurso*

Teorias de planejamento afirmam que em qualquer tipo de plano existem fatores críticos que, se tratados adequadamente, conduzirão ao sucesso. No caso do planejamento financeiro familiar, isso quer dizer que, se fatores críticos como rentabilidade dos investimentos, risco assumido e disciplina na gestão de recursos e nas aplicações forem levados a sério, haverá grandes chances de o plano ser bem-sucedido.

Digo grandes chances e não certeza porque nunca estaremos livres de acidentes. Existem aspectos alheios a nosso controle e à vontade cujos efeitos podem ser minimizados, mas muitas vezes são inevitáveis. Vejam alguns exemplos:

- Se vocês tiverem convênios, poderão prevenir ou adiar problemas de saúde, mas jamais estarão imunes a doenças graves nem a acidentes.
- Se investirem em segurança, poderão diminuir a probabilidade de sofrer roubos e assaltos, mas nunca estarão completamente imunes às ações dos amigos do alheio.
- Se investirem na educação de seus filhos, aumentarão a probabilidade de que eles tenham um futuro próspero, mas isso dependerá em grande parte dos sonhos e da visão de mundo deles próprios. Ninguém jamais poderá lhes garantir isso.
- Ainda que vocês tenham um fundo de reserva para a troca do automóvel, talvez o carro atual tenha um sério problema mecânico e seja preciso gastar mais do que existe no fundo de reserva para consertá-lo.

- Por melhor que seja sua casa, todos estão sujeitos a desastres naturais e existe a possibilidade de um dia vocês perderem parte do patrimônio que têm.
- A História mostra que o Brasil é um país de elevado nível de risco, já que as regras do jogo mudam ao longo do tempo, geralmente para prejudicar a maioria. Esse problema tende a diminuir com a melhora da educação da população, mas algumas variáveis de seu plano sofrerão mudanças ao longo da vida.

Entendam que vivemos em um ambiente de risco. Isso não é totalmente ruim, pois onde há risco há maiores oportunidades de ganho. Se o risco no Brasil não fosse elevado, os bancos e o governo não teriam de pagar juros tão altos para atrair investidores e convencê-los a aplicar seu dinheiro. Hoje vocês só investem porque os juros oferecidos pelas alternativas de investimento são suficientemente atrativos, situação muito melhor do que deixar o dinheiro em casa, debaixo do colchão.

Mas, como estamos sujeitos a riscos, talvez chegue o momento em que, em razão de um acidente ou imprevisto grave, vocês precisem usar grande parte de suas reservas. Se tivessem feito seguro contra a perda sofrida, talvez a ocorrência não fosse tão dramática. Mas, se contratarmos seguros contra todos os riscos, não sobrará dinheiro para comer. Somos obrigados a selecionar os riscos, e nada impede que tenhamos uma perda não assegurada. Nesse caso vocês verão o grande sonho ir por água abaixo. Esse será o momento de manter a cabeça fria. Saber perder é respirar fundo, absorver todas as lições que se pode tirar do momento negativo e aprumar-se em direção aos sonhos. Mesmo que pareçam impossíveis, sigam na direção deles, façam o que estiver a seu alcance.

Prefiro não associar o sucesso de um plano à sorte nem a forças de outra dimensão. Mas, se vocês desejarem com afinco atingir um objetivo e se esforçarem para isso, todas as forças do universo estarão convergindo na promoção de seu êxito. Quando tinha meu casamento como objetivo, trabalhei com tamanho afinco e vontade que o reconhecimento de meu esforço me trouxe várias novas oportunidades. O cantor britânico Eric Clapton canalizou toda a dor e sofrimento pela morte de seu filho na composição de uma canção em homenagem a ele, "Tears in heaven" (Lágrimas no céu), que se transformou num dos maiores sucessos de sua carreira. Herbert Vianna contrariou todas as probabilidades ao ressurgir de um coma e voltar a tocar como antes nos Paralamas do Sucesso.

Nunca acreditei em perdas irreparáveis, enxergar esse caminho só depende de vocês. Uma derrota começa quando se acredita nela.

> **"Dizem que sou um cara de sorte... Só sei que, quanto mais me esforço, mais sorte tenho!" (Jack Niklaus)**

• *Ganhem e doem*

Paguem-se primeiro, lembrem-se de uma das duas lições fundamentais. Conheço pessoas que não poupam porque acreditam que a doação aos necessitados é mais importante. Creiam: doar não é o mais importante, apesar de essencial para as pessoas de bom coração. Admiro muito todos aqueles que dividem seu sucesso financeiro com os necessitados, mas discordo profundamente dos que dividem todo o resultado de seu sucesso. Se, ao doar, vocês não se permitirem sobras de recursos para investir em seu futuro, estarão prejudicando esse futuro e também o daqueles que precisam de sua ajuda.

Ganhem e doem: mas planejem-se para poder fazer isso sempre. Necessitados e associações beneficentes precisam de pessoas que doam. Mas, se a doação for maior do que seu patrimônio comporta, vocês não enriquecerão e não conseguirão doar no futuro. Vocês contribuirão muito mais com a sociedade se respeitarem seus limites hoje e, à medida que enriquecerem, passarem a doar quantias maiores. Sugiro até que essas doações sejam um percentual da renda de seus investimentos, e não do salário. Nos Estados Unidos, a grande maioria das doações a instituições humanitárias vem de famílias financeiramente independentes. E os valores por família chegam aos milhões de dólares.

Doação não consiste somente em dinheiro. Se o dinheiro não sobra, doem seu tempo. Há muito trabalho voluntário a fazer pelos necessitados de nosso país. Será que uma contribuição de R$ 20,00 para pagar parte dos medicamentos de um velhinho interno em um asilo vale mais do que duas horas do sábado de um voluntário destinadas a conversar com ele?

O mesmo vale para contribuições voluntárias a associações e igrejas. Se o objetivo for contribuir, vocês serão responsáveis pela criação de condições para contribuir cada vez mais. Cada religião tem seu credo e sua forma divina de recompensar as contribuições voluntárias. Mas, se a contribuição atual inviabilizar as contribuições futuras, vocês irão contra seus objetivos pessoais e de fé. Se sua crença determina o pagamento do dízimo[29], vocês devem assumir pelo menos o mesmo compromisso consigo mesmos. Se é possível viver com 90% dos ganhos, vocês têm de encontrar meios de viver com 80%. Caso contrário, amanhã não haverá percentual nenhum para contribuir com a igreja.

• *Sua riqueza é maior do que vocês imaginam*

Pessoas que vocês nem conhecem ganham muito com sua riqueza. Além do bem-estar que a riqueza proporciona à família – como exemplo para os mais novos, como um lar que oferece conforto nas reuniões familiares, como um lastro de garantia quando alguém precisa, como a viabilização de celebrações familiares –, vocês também trazem bem-estar a seus vizinhos.

29. Dez por cento de toda a renda.

A maior capacidade de consumir produtos e serviços de seu bairro leva riqueza às famílias próximas. A capacidade de cuidar melhor de seu bem-estar ajuda a preservar empregos. Seu interesse em compartilhar com amigos oportunidades de investimento e conhecimento financeiro cria cadeias de prosperidade, que normalmente dão em retorno novas fontes de informação. Informações sobre riqueza devem ser compartilhadas. Se vocês agora sabem como enriquecer, tragam as pessoas queridas para esse objetivo comum. Se alguém lhes pedir dinheiro emprestado, proponham-se discutir as reais fontes do problema em vez de simplesmente ajudar com dinheiro. Isso não tem preço.

Seu enriquecimento é uma forma de contribuir não somente com aqueles que os rodeiam, mas com a sociedade em geral. A razão de grande parte dos problemas brasileiros é a incapacidade de o povo fazer poupança. Os juros são elevados porque o dinheiro para emprestar é escasso. Se as pessoas levassem mais dinheiro aos bancos, estariam ao mesmo tempo fazendo mais riqueza – com os juros – e forçando essas instituições a reduzir os juros. Se menos gente precisar de dinheiro emprestado, os bancos começarão a "liquidar" dinheiro oferecendo-o a juros menores.

Talvez vocês perguntem: "Mas os bancos não perderão dinheiro ao manter os juros das aplicações e reduzir os juros dos empréstimos?" Não, isso jamais vai acontecer. Os bancos, como núcleo do capitalismo através de sua função de intermediação financeira, deverão ganhar dinheiro sempre. Com maior número de poupanças, haverá pressão sobre os juros da economia no sentido de reduzi-los. Em futuro distante, quando a população brasileira receber educação adequada (inclusive financeira), os *spreads* bancários serão mantidos e as aplicações financeiras também pagarão menos juros.

"Assim, em uma economia mais rica, não teremos mais os juros elevados que garantirão nosso enriquecimento?" Sim, teremos. Apenas não serão mais juros de renda fixa ou títulos do governo. Com juros mais baixos e riqueza mais abundante, as empresas terão melhores condições de captar dinheiro para crescer. A economia evoluirá de forma mais consistente, haverá mais riqueza em circulação e o mercado terá comportamento mais previsível. Com isso, o risco diminuirá e o mercado de ações terá comportamento mais coerente, tornando-se interessante a todo tipo de investidor. É exatamente isso que acontece nas economias desenvolvidas.

Utopia? Não, é uma questão de planejamento. Trata-se de algo que poderá ocorrer daqui a algumas décadas desde que o horizonte de realização de obras sociais de nossos governos cresça além dos atuais quatro ou oito anos.

Um futuro melhor depende de vocês mesmos, e de mais ninguém. Sejam felizes!

Outros livros do autor

Dinheiro: os segredos de quem tem

Gustavo Cerbasi, Editora Gente

Um guia para a construção da independência financeira que considera as vantagens e desvantagens da economia brasileira e abrange a matemática das finanças, os motivos da dificuldade de enriquecer e as estratégias para conquistar e manter um padrão de vida financeiramente saudável.

Filhos inteligentes enriquecem sozinhos

Gustavo Cerbasi, Editora Gente

Este livro mostra que o ato de educar financeiramente os seus filhos não precisa ser chato nem acompanhado de complicadas planilhas. O consultor financeiro Gustavo Cerbasi apresenta idéias e práticas cotidianas que, quando adotadas em famílias acompanhadas por ele, mostraram efeitos bastante positivos no modo de crianças e jovens lidarem com os próprios recursos e com a riqueza da família.

CONTATOS COM O AUTOR

www.maisdinheiro.com.br

Este livro foi impresso pela
Assahí Gráfica em papel offset 90 g.